COMMENTAIRE

DE LA LOI DU 21 MAI 1836

SUR LES CHEMINS VICINAUX,

AVEC LE RECUEIL COMPLET
DES DISPOSITIONS LÉGISLATIVES ANTÉRIEURES,

Par M. Victor DUMAY,

AVOCAT A LA COUR ROYALE,
PREMIER ADJOINT AU MAIRE DE LA VILLE DE DIJON,

..... Non gloria nobis
Causa, sed utilitas officiumque fuit.
Ovid. *de Pont.*, lib. III.

DIJON,

VICTOR LAGIER, LIBRAIRE-ÉDITEUR, PLACE S.-ÉTIENNE;

ET A PARIS, CHEZ PELISSONNIER,

LIB.-COMMISSIONNAIRE, RUE DES MATHURINS-S.-JACQUES, 24.

1836.

COMMENTAIRE

DE LA LOI DU 21 MAI 1836

SUR LES CHEMINS VICINAUX.

Ce Commentaire fait le complément du second volume
du Traité du Domaine public, par M. Proudhon.

Cet Ouvrage se vend aussi à STRASBOURG ,
Chez LAGIER je , libraire.

DIJON , IMPRIMERIE DE FRANTIN, 1836.

COMMENTAIRE

DE LA LOI DU 21 MAI 1836

SUR LES CHEMINS VICINAUX,

AVEC LE RECUEIL COMPLET
DES DISPOSITIONS LÉGISLATIVES ANTÉRIEURES,

PAR M. Victor DUMAY,

AVOCAT A LA COUR ROYALE,
PREMIER ADJOINT AU MAIRE DE LA VILLE DE DIJON.

..... Non gloria nobis
Causa, sed utilitas officiumque fuit.
OVID. *de Pont.*, lib. III.

DIJON,

Victor LAGIER, LIBRAIRE-ÉDITEUR, PLACE S.-ÉTIENNE;

ET A PARIS, CHEZ PELISSONNIER,
LIE.-COMMISSIONNAIRE, RUE DES MATHURINS-S.-JACQUES, 2{.

1836.

LOI

SUR LES CHEMINS VICINAUX

DU 21 MAI 1836.

───────────

Au pal is······leries, le 21 mai 1836.

LOUIS-PHILIPPE, Roi des Français, à tous présens et à venir, salut.

Nous avons proposé, les Chambres ont adopté, nous avons ordonné et ordonnons ce qui suit :

SECTION PREMIÈRE.

Chemins vicinaux.

Article premier.

Les chemins vicinaux légalement reconnus sont à la charge des communes, sauf les dispositions de l'art. 7 ci-après.

Art. 2.

En cas d'insuffisance des ressources ordinaires des communes, il sera pourvu à l'entretien des chemins vicinaux, à l'aide, soit de prestations en nature, dont le maximum est fixé à trois journées de travail, soit de centimes spéciaux en addition au principal des quatre contributions directes, et dont le maximum est fixé à cinq.

Le conseil municipal pourra voter l'une ou l'autre de ces ressources, ou toutes les deux concurremment.

Le concours des plus imposés ne sera pas nécessaire dans les délibérations prises pour l'exécution du présent article.

Art. 3.

Tout habitant, chef de famille ou d'établissement, à titre de propriétaire, de régisseur, de fermier, ou de colon partiaire, porté au rôle des contributions directes, pourra être appelé à fournir, chaque année, une prestation de trois jours : 1° pour sa personne, et pour chaque individu mâle, valide, âgé de 18 ans au moins, et de 60 ans au plus, membre ou serviteur de la famille, et résidant dans la commune; 2° pour chacune des charrettes ou voitures attelées, et, en outre, pour chacune des bêtes de somme, de trait, de selle, au service de la famille ou de l'établissement dans la commune.

Art. 4.

La prestation sera appréciée en argent, conformément à la valeur qui aura été attribuée annuellement pour la commune à chaque espèce de journée, par le conseil général, sur les propositions des conseils d'arrondissement.

La prestation pourra être acquittée en nature ou en argent, au gré du contribuable. Toutes les fois que le contribuable n'aura pas opté dans les délais prescrits, la prestation sera de droit exigible en argent.

La prestation, non rachetée en argent, pourra être convertie en tâches, d'après les bases et évaluations de travaux préalablement fixées par le conseil municipal.

Art. 5.

Si le conseil municipal, mis en demeure, n'a pas voté dans la session désignée à cet effet les prestations et centimes nécessaires, ou si la commune n'en a point fait emploi dans les délais prescrits, le préfet pourra d'office, soit imposer la commune dans les limites du maximum, soit faire exécuter les travaux.

Chaque année, le préfet communiquera au conseil général l'état des impositions établies d'office en vertu du présent article.

Art. 6.

Lorsqu'un chemin vicinal intéressera plusieurs communes, le préfet, sur l'avis des conseils municipaux, désignera les communes qui devront concourir à sa construction ou à son entretien, et fixera la proportion dans laquelle chacune d'elles y contribuera.

SECTION II.

Chemins vicinaux de grande communication.

Art. 7.

Les chemins vicinaux peuvent, selon leur importance, être déclarés chemins vicinaux de grande communication par le conseil général, sur l'avis des conseils municipaux, des conseils d'arrondissement, et sur la proposition du Préfet. Sur les mêmes avis et proposition, le conseil général détermine la direction de chaque chemin vicinal de grande communication, et désigne les communes qui doivent contribuer à sa construction ou à son entretien.

Le préfet fixe la largeur et les limites du chemin, et détermine annuellement la proportion dans laquelle chaque commune doit concourir à l'entretien de la ligne vicinale dont elle dépend ; il statue sur les offres faites par les particuliers, associations de particuliers ou de communes.

Art. 8.

Les chemins vicinaux de grande communication, et dans des cas extraordinaires les autres chemins vicinaux pourront recevoir des subventions sur les fonds départementaux. Il sera pourvu à ces subventions au moyen des centimes facultatifs ordinaires du département, et de centimes spéciaux votés annuellement par le conseil général. La distribution des subventions sera faite, en ayant égard aux ressources, aux sacrifices et aux besoins des communes, par le préfet qui en rendra compte chaque année au conseil général. Les communes ac-

quitteront la portion des dépenses mise à leur charge
au moyen de leurs revenus ordinaires ; et, en cas d'insuffisance, au moyen de deux journées de prestations
sur les trois journées autorisées par l'art. 2, et des deux
tiers des centimes votés par le conseil municipal en
vertu du même article.

Art. 9.

Les chemins vicinaux de grande communication sont
placés sous l'autorité du Préfet. Les dispositions des
art. 4 et 5 de la présente loi leur sont applicables.

Dispositions générales.

Art. 10.

Les chemins vicinaux reconnus et maintenus comme
tels, sont imprescriptibles.

Art. 11.

Le préfet pourra nommer des agens-voyers. Leur
traitement sera fixé par le conseil général. Ce traitement sera prélevé sur les fonds affectés aux travaux. Les
agens-voyers prêteront serment. Ils auront le droit de
constater les contraventions et délits, et d'en dresser
des procès-verbaux.

Art. 12.

Le maximum des centimes spéciaux qui pourront être
votés par les conseils généraux, en vertu de la présente loi, sera déterminé annuellement par la loi de
finances.

Art. 13.

Les propriétés de l'Etat, productives de revenus,
contribueront aux dépenses des chemins vicinaux, dans
les mêmes proportions que les propriétés privées, et d'a-
près un rôle spécial dressé par le préfet.

Les propriétés de la couronne contribueront aux
mêmes dépenses, conformément à l'article 13 de la loi
du 2 mars 1832.

Art. 14.

Toutes les fois qu'un chemin vicinal entretenu à l'état de viabilité par une commune, sera habituellement ou temporairement dégradé par des exploitations de mines, de carrières, de forêts, ou de toute entreprise industrielle appartenant à des particuliers, à des établissemens publics, à la Couronne ou à l'Etat, il pourra y avoir lieu à imposer aux entrepreneurs ou propriétaires, suivant que l'exploitation ou les transports auront eu lieu pour les uns ou les autres, des subventions spéciales dont la quotité sera proportionnée à la dégradation extraordinaire qui devra être attribuée aux exploitations.

Ces subventions pourront, au choix des subventionnaires, être acquittées en argent ou en prestations en nature, et seront exclusivement affectées à ceux des chemins qui y auront donné lieu.

Elles seront réglées annuellement, sur la demande des communes, par les conseils de préfecture, après des expertises contradictoires, et recouvrées comme en matière de contributions directes.

Les experts seront nommés suivant le mode déterminé par l'art. 17 ci-après.

Ces subventions pourront aussi être déterminées par abonnement; elles seront réglées, dans ce cas, par le préfet en conseil de préfecture.

Art. 15.

Les arrêtés du préfet portant reconnaissance et fixation de la largeur d'un chemin vicinal, attribuent définitivement au chemin le sol compris dans les limites qu'ils déterminent.

Le droit des propriétaires riverains se résout en une indemnité qui sera réglée à l'amiable ou par le juge de paix du canton, sur le rapport d'experts nommés conformément à l'art. 17.

Art. 16.

Les travaux d'ouverture et de redressement des chemins vicinaux seront autorisés par arrêté du préfet.

Lorsque, pour l'exécution du présent article, il y aura lieu de recourir à l'expropriation, le jury spécial chargé de régler les indemnités ne sera composé que de quatre jurés. Le tribunal d'arrondissement, en prononçant l'expropriation, désignera, pour présider et diriger le jury, l'un de ses membres ou le juge de paix du canton. Ce magistrat aura voix délibérative en cas de partage.

Le tribunal choisira, sur la liste générale, prescrite par l'article 29 de la loi du 7 juillet 1833, quatre personnes pour former le jury spécial, et trois jurés supplémentaires. L'administration et la partie intéressée auront respectivement le droit d'exercer une récusation péremptoire.

Le juge recevra les acquiescemens des parties.

Son procès-verbal emportera translation définitive de propriété.

Le recours en cassation, soit contre le jugement qui prononcera l'expropriation, soit contre la déclaration du jury qui réglera l'indemnité, n'aura lieu que dans les cas prévus et selon les formes déterminées par la loi du 7 juillet 1833.

Art. 17.

Les extractions de matériaux, les dépôts ou enlèvemens de terre, les occupations temporaires de terrains, seront autorisés par arrêté du préfet, lequel désignera les lieux; cet arrêté sera notifié aux parties intéressées au moins dix jours avant que son exécution puisse être commencée.

Si l'indemnité ne peut être fixée à l'amiable, elle sera réglée par le conseil de préfecture, sur le rapport d'experts nommés, l'un par le sous-préfet et l'autre par le propriétaire.

En cas de discord, le tiers-expert sera nommé par le conseil de préfecture.

Art. 18.

L'action en indemnité des propriétaires pour les

terrains qui auront servi à la confection des chemins vicinaux et pour extraction de matériaux, sera prescrite par le laps de deux ans.

Art. 19.

En cas de changement de direction ou d'abandon d'un chemin vicinal, en tout ou partie, les propriétaires riverains de la partie de ce chemin qui cessera de servir de voie de communication pourront faire leur soumission de s'en rendre acquéreurs, et d'en payer la valeur, qui sera fixée par des experts nommés dans la forme déterminée par l'article 17.

Art. 20.

Les plans, procès-verbaux, certificats, significations, jugemens, contrats, marchés, adjudications de travaux, quittances et autres actes ayant pour objet exclusif la construction, l'entretien et la réparation des chemins vicinaux, seront enregistrés moyennant le droit fixe de un franc.

Les actions civiles intentées par les communes ou dirigées contre elles, relativement à leurs chemins, seront jugées comme affaires sommaires et urgentes, conformément à l'article 405 du Code de procédure civile.

Art. 21.

Dans l'année qui suivra la promulgation de la présente loi, chaque préfet fera, pour en assurer l'exécution, un règlement qui sera communiqué au conseil général, et transmis, avec ses observations, au ministre de l'intérieur, pour être approuvé, s'il y a lieu.

Ce règlement fixera, dans chaque département, le maximum de la largeur des chemins vicinaux; il fixera, en outre, les délais nécessaires à l'exécution de chaque mesure, les époques auxquelles les prestations en nature devront être faites, le mode de leur emploi ou de leur conversion en tâches, et statuera, en même temps, sur tout ce qui est relatif à la confection des rôles, à la comptabilité, aux adjudications et à leur forme, aux alignemens, aux autorisations de construire le long des

(XII)

chemins, à l'écoulement des eaux, aux plantations, à l'élagage, aux fossés, à leur curage, et à tous autres détails de surveillance et de conservation.

Art. 22.

Toutes les dispositions des lois antérieures demeurent abrogées en ce qu'elles auraient de contraire à la présente loi.

La présente loi, discutée, délibérée et adoptée par la Chambre des Pairs et par celle des Députés, et sanctionnée par nous cejourd'hui, sera exécutée comme loi de l'État.

Donnons en mandement à nos Cours et Tribunaux, Préfets, Corps administratifs, et tous autres, que les présentes ils gardent et maintiennent, fassent garder, observer et maintenir, et, pour les rendre plus notoires à tous, ils les fassent publier et enregistrer partout où besoin sera.

Signé LOUIS-PHILIPPE.

Vu et scellé du grand sceau :

Signé P. SAUZET.

Par le Roi :

Signé MONTALIVET.

COMMENTAIRE

SUR LA LOI DU 21 MAI 1836,

RELATIVE

AUX CHEMINS VICINAUX.

———❯❮———

Les voies de communication par terre peuvent être rangées sous cinq classes distinctes :

1° Les grandes routes et les routes départementales établies et entretenues aux frais de l'Etat ou des Départemens, et placées par l'article 538 du Code civil dans les dépendances du domaine public ;

2° Les chemins vicinaux qui appartiennent au domaine public municipal et qui servent de communication de commune à commune ;

3° Les chemins également publics, quelle que soit leur largeur, qui ne sont cependant pas grandes routes et qui n'ont point été classés parmi les chemins vicinaux ;

4° Les chemins communaux qui font partie du domaine de propriété communale et qui sont affectés au service des propriétés de la commune ou des objets dont l'usage appartient généralement à tous les habitans du lieu ;

5° Enfin les chemins de servitude, ou voies agraires, qui ont été établis sur certains fonds pour l'utilité, l'agrément, ou l'exploitation d'héritages possédés par d'autres maitres, ou pour la desserte commune de fonds situés dans la même partie de territoire.

1

Les règles relatives au premier de ces moyens de communication sont renfermées dans plusieurs lois spéciales, notamment dans les arrêts du conseil du 18 avril 1671-6 février 1776-l'ordonnance du bureau des finances de Paris du 29 mars 1754-les déclarations du roi de 1786 et du 27 juin 1787-les décrets des 16 frimaire-4 pluviôse an ii-7 nivôse-8 prairial an iii-la loi du 24 avril 1806, et particulièrement dans le décret du 16 décembre 1811, qui forme l'état actuel de la législation sur cette matière.

Les trois dernières sortes de communications ne sont aujourd'hui régies que par les principes généraux du droit civil, sur l'application desquels a été rendu un assez grand nombre de décisions, la plupart contradictoires, de la Cour de cassation et du Conseil d'Etat.

Quant aux chemins vicinaux proprement dits, ils ont été l'objet de diverses dispositions législatives réunies à a fin de ce commentaire, et dont la dernière est la loi du 21 mai 1836 que nous examinons.

« Les chemins vicinaux, dit M. Proudhon dans son
« excellent Traité du domaine public, sont les chemins
« de communication publique établis entre les bourgs
« ou villages principaux, ou entre les paroisses, pour
« faciliter dans les campagnes la fréquentation des foi-
« res et marchés ainsi que l'accès des grandes routes. »
Ces chemins, comme on l'a déjà annoncé, sont une fraction du domaine public général, et doivent être placés dans le domaine public municipal. Autrefois ils étaient réputés appartenir aux seigneurs hauts-justiciers à qui le Roi en aurait cédé la propriété avec celle des grands-fiefs.

Aux termes de la loi nouvelle, ils sont divisés en trois classes distinctes :

1° Les chemins vicinaux ordinaires, auxquels on aurait peut-être dû conserver la dénomination de *chemins
communaux* et qui ne servent qu'aux habitans d'une
seule commune pour se rendre à une grande route, à
une rivière, à un hameau, soit qu'ils ne sortent pas du
territoire de cette commune, soit même qu'ils traversent une partie de celui des communes voisines auxquelles ils ne sont d'aucune utilité ;

2° Ceux qui établissent une communication entre
deux ou plusieurs communes, ou qui servent en même
temps aux habitans des unes et des autres ;

3° Enfin ceux qui forment une longue ligne de communication, et qui, en aboutissant à des villes, à des
chefs-lieux de canton, desservent dans leur passage un
assez grand nombre de communes; chemins qui, par
ce motif, ont été appelés de *grande communication*
par la loi nouvelle.

Les articles 7, 8 et 9 formant la seconde section
de cette loi, contiennent les dispositions relatives à
cette dernière espèce de chemin. L'article 6 statue en
particulier sur les chemins de la seconde classe, c'est-à-
dire sur ceux qui intéressent plusieurs communes ; enfin
toutes les autres dispositions de la loi, qui ne contient
rien de spécial sur la première classe, sont communes
aux trois espèces de chemins vicinaux. Elles ont pour
objet de déterminer leur nature, leur caractère (art.
10); de régler ce qui concerne leur premier établissement, leur reconnaissance, la fixation de leur largeur
(art. 15, 16, 18, 19, 20 et 21); leur entretien (art.
11 et 17); d'indiquer à la charge de qui est la dépense
de construction et de réparation (art. 1 et 14), et enfin
de prescrire la manière dont cette dépense doit être ac-
quittée(art. 2, 3, 4, 5, 12 et 13).

Il aurait été à désirer que ces distinctions et divisions eussent été mieux indiquées, et que notamment les dispositions communes n'eussent pas été réparties sans motif en deux sections séparées par celle concernant les chemins de grande communication. On aurait mieux saisi l'esprit et l'ensemble de la loi, et les règles tracées par le législateur eussent été plus faciles à comprendre et à appliquer.

Néanmoins, malgré ce défaut de méthode et plusieurs imperfections de détail que nous aurons encore à signaler, cette loi l'emporte de beaucoup sur toutes celles qui l'ont précédée. L'action directe et les moyens coërcitifs donnés au Préfet, l'augmentation des ressources affectées aux constructions et réparations des diverses espèces de chemins, la création de grandes lignes de communication, l'établissement d'une association entre les communes intéressées, et l'institution d'agens spéciaux chargés de la surveillance et de la direction des travaux, sont des améliorations incontestables.

Comme la loi sur l'instruction primaire, celle-ci est pleine d'avenir. En répondant l'une et l'autre à des besoins vivement sentis et depuis trop long-temps négligés, elles tendent à l'accroissement des sources de la prospérité publique et au développement de la civilisation; elles constituent donc un véritable progrès. Félicitons le Gouvernement de les avoir accordées au pays qui les réclamait.

SECTION PREMIÈRE.

ARTICLE PREMIER.

« Les chemins vicinaux légalement reconnus sont à
« la charge des communes, sauf les dispositions de
« l'art. 7 ci-après. »

Cet article est conçu en termes beaucoup plus vagues
que l'article 1 de la loi du 28 juillet 1824, et a besoin
d'être expliqué par les dispositions de cette dernière
loi.

La loi nouvelle se borne à dire : « Les chemins vi-
« cinaux *légalement reconnus*, etc., » tandis que celle
de 1824 portait : « Les chemins *reconnus par un ar-*
« *rété du Préfet sur une délibération du conseil mu-*
« *nicipal, pour être nécessaires à la communication*
« *des communes*, sont à la charge, etc. »

`Cette différence provient de ce que la loi nouvelle
s'applique à deux espèces de chemins vicinaux : à ceux
ordinaires, et aux chemins vicinaux de grande communication qui ne sont pas classés par le Préfet, mais bien,
sur sa proposition seulement, par le Conseil général
d'après l'avis des Conseils municipaux et des Conseils
d'arrondissement. Ce n'est qu'à l'égard des premiers
que la reconnaissance par un arrêté du Préfet sur une
délibération du Conseil municipal, peut encore avoir
lieu aujourd'hui.

Les dispositions finales des deux articles 1er de l'ancienne et de la nouvelle loi présentent aussi une différence de la plus haute importance. La loi de 1824
déclarait que les chemins vicinaux sont à la charge des

communes sur le territoire desquelles ils sont établis,
tandis que la loi de 1836 porte seulement qu'ils sont à
la charge des communes, contrairement à la proposition
de la Commission de la Chambre des Pairs qui avait
ajouté au nouveau projet ces mots : *sur le territoire
desquelles ils sont établis.* Le motif de ce retranchement, sollicité par le Gouvernement et adopté par les
deux Chambres, est que la charge de l'établissement ou
de l'entretien d'un chemin doit être supportée par les
communes, non d'après l'étendue du territoire qu'il
traverse, mais dans la proportion de l'utilité et des
avantages que ces communes en retirent. La disposition
contraire de la loi de 1824 était en effet le plus grand
obstacle à l'amélioration et à l'entretien des voies vici-
nales, en ce que très-souvent le territoire d'une commune était traversé dans une grande longueur par un
chemin qui ne lui était d'aucune utilité et que par conséquent elle n'avait aucun intérêt à entretenir.

L'article 9 de cette loi avait, à la vérité, corrigé jusqu'à un certain point l'injustice résultant de la stricte
application de l'article 1ᵉʳ, en disant que lorsqu'un
chemin intéresserait plusieurs communes, et en cas de
discord entre elles sur la proportion de l'utilité respective, le Préfet prononcerait en Conseil de préfecture,
à la vue des délibérations des Conseils municipaux assistés des contribuables les plus imposés. Mais la rédaction nouvelle est préférable, en ce qu'elle pose en principe ce qui ne formait que l'exception dans la loi
précédente.

La déclaration de vicinalité produit trois effets importans : le premier, de mettre l'entretien et la réparation du chemin à la charge de la commune ; tellement
que si elle néglige ou refuse de subvenir à cette dépense,

elle peut y être contrainte par le Préfet, en vertu de
l'article 5 ci-après. Le second, de rendre son sol imprescriptible, ainsi que le décide l'article 10, tant que le
chemin n'a point été déclassé, ou que, par suite d'un
long abandon, il n'est pas censé avoir perdu son caractère et sa destination. Le troisième enfin est de conférer
à la juridiction exceptionnelle des Conseils de Préfecture
la répression des usurpations commises sur ces chemins.

L'obligation pour les communes d'appliquer leurs
ressources à l'entretien et à la réparation des chemins
vicinaux est tellement impérieuse et exclusive, que les
centimes additionnels et les prestations en nature autorisés par l'article 2, ne pourraient être employés sur
des chemins même publics, mais qui n'auraient point
été légalement déclarés ou reconnus vicinaux. « Appli-
« quer les ressources des communes à la réparation
« des chemins qui n'auraient pas été classés dans la
« forme voulue, dit M. le Ministre de l'intérieur dans
« sa circulaire du 24 juin 1836, pag. 5 de l'édition offi-
« cielle, serait s'exposer au reproche de faire une ap-
« plication irrégulière des revenus communaux, et
« peut-être même à une accusation de détournement
« des fonds des communes. Requérir les citoyens de
« porter leurs prestations sur des chemins non classés,
« serait s'exposer à un refus de service qui trouverait
« sa justification dans le texte formel de la loi. »

La loi nouvelle, comme le dit M. le comte Roy, ne
forme point un Code complet sur la matière ; elle a eu
seulement pour objet d'apporter quelques modifications
à la législation antérieure ; en conséquence, celle-ci
subsiste toujours dans celles de ses dispositions auxquelles il n'a point été dérogé. Ainsi :

1° C'est toujours au Préfet *seul* et non au Conseil de

préfecture qu'il appartient de déclarer la vicinalité d'un
chemin; et les décisions rendues par ce magistrat ne
peuvent être attaquées que par voie de recours au Ministre de l'intérieur, et même au Conseil d'Etat, co-
mité de l'intérieur, mais jamais par voie contentieuse.
(*Art. 6 de la loi du 9 ventôse an XIII; art. 1ᵉʳ de
l'arrêté du 23 messidor an V; décret du 6 janvier
1814, Bull. 552.*)

2º Cette déclaration doit être précédée d'une délibération du Conseil municipal ou des Conseils municipaux, sans que pour cela le Préfet soit lié par l'opinion
qu'elle contient; de telle sorte qu'il peut décider dans
un sens opposé, soit pour, soit contre la vicinalité.
(*Instruct. minist. du mois d'octobre 1824.*)

3º Si une commune n'avait point encore dressé le
tableau de ses chemins vicinaux prescrit par l'article
1ᵉʳ de la loi du 23 messidor an V, elle devrait le faire et
l'afficher en se conformant aux dispositions de l'instruction du Ministre de l'intérieur du 7 prairial an XIII.
C'est ce que prescrit formellement la circulaire ministérielle du 24 juin 1836, p. 6, et dans laquelle le Ministre engage avec raison les Préfets à reviser les tableaux
précédemment dressés, surtout ceux faits à une époque
déjà ancienne, où l'on a souvent omis les chemins importans en en classant d'autres qui ne sont pas d'une
utilité générale.

4º Jusqu'à ce que la vicinalité d'un chemin ait été
contradictoirement reconnue avec un particulier, celui-
ci est recevable à la contester nonobstant l'observation
des formalités prescrites par la circulaire du 7 prairial
an XIII et la décision du Préfet intervenue conformément
à la loi de 1824. Cette décision ne pouvant être considérée à l'égard de ce particulier que comme rendue par

défaut, il pourra toujours y former opposition devant le Préfet lui-même, sauf le recours au Ministre et ensuite au Conseil d'Etat.

5° Le Préfet agissant en qualité d'administrateur a bien le pouvoir suffisant pour reconnaître l'opportunité de l'ouverture d'un chemin vicinal là où il n'y en avait point encore; pour déclarer si un chemin déjà établi doit être placé sur le tableau des chemins vicinaux; pour ordonner les rectifications qui peuvent être à opérer dans sa direction; pour lui assigner la largeur convenable: mais là se bornent ses attributions; et lorsqu'il s'agira de s'emparer des fonds, de juger une question de propriété, de statuer sur des anticipations de part ou d'autre, ces points devront être renvoyés devant l'autorité judiciaire, la seule qui puisse connaître des questions de propriété. Cette distinction au reste est formellement établie par l'article 15 de la présente loi.

6° Les indemnités qui pourront être dues aux propriétaires, soit pour l'établissement d'un nouveau chemin, soit pour le changement de direction, soit pour son rélargissement, seront à la charge de la commune. En conséquence le maire deviendra partie nécessaire et légitime contradicteur dans tous les procès qui seront à soutenir avec les propriétaires que l'on voudra déposséder ou avec les voisins prévenus d'anticipation sur la largeur du chemin, ou se prétendant lésés.

Mais l'art. 6 de la loi du 9 ventôse an XIII, qui déclare que la largeur des chemins vicinaux ne pourra être portée au-delà de six mètres, est abrogé par l'art. 21 de la loi nouvelle, qui charge les Préfets de *fixer par un règlement le maximum de la largeur des chemins vicinaux.* Indépendamment de la clarté de ces termes, l'abrogation de la loi de l'an xiii résulte du rejet par les deux Chambres, d'un amendement proposé par un député et reproduit par la Commission de la Chambre des pairs, qui voulait que le maximum de la largeur des chemins fût fixé à six mètres, non compris trois autres pour les fossés. Le Gouvernement s'opposa à cet amendement en soutenant que la plus grande latitude devait être laissée aux Préfets, à cause de l'extrème variété des localités et des besoins de la population.

Ainsi ces magistrats pourront donner aux chemins la largeur qu'ils jugeront convenable et prescrire la confection de fossés partout où il paraîtra nécessaire d'en établir.

Nous pensons avec M. Proudhon (*Traité du dom. publ.*, t. 2, n° 492 *et suiv.*), 1° que lorsque ces fossés sont établis, leur curage est à la charge des communes ; 2° que les fonds limitrophes doivent être considérés comme grevés de la servitude de recevoir sur leur bord les terres et déblais provenant du repurgement ; 3° que contrairement à l'opinion de M. Garnier (dans son *Traité des chemins, ch. v, p.* 349 *et suiv.*), ces fossés, qui sont une dépendance du chemin, qui par conséquent font partie du domaine public, et qui à ce titre ne peuvent être la propriété de personne, ne sauraient être ni regardés comme mitoyens avec les propriétaires riverains, ni possédés utilement ou prescrits par eux, ce qui est également enseigné par la circulaire du 27 prairial an xiii, et ce qui au surplus résulte de l'art. 10 de la présente loi.

Nous ajouterons que la jurisprudence, et notamment un arrêt de la Cour royale de Dijon du 22 juin 1836, ayant décidé que celui qui creuse un fossé doit laisser du côté du terrain voisin et au-delà du creux de ce fossé une berge de 33 centimètres ou un pied de largeur, cette distance devrait être observée par une commune qui creuserait un fossé le long d'un chemin vicinal. (*Instr. minist. du mois d'octobre 1824.* — *Garnier, Traité des chemins, ch. v, p.* 353.)

Mais nous ne saurions partager l'opinion de cet auteur qui pense que la même obligation ne peut être imposée au propriétaire riverain d'un chemin vicinal qui voudrait creuser sur son fonds un fossé le long du chemin. Nous pensons au contraire que les motifs qui ont fait admettre la nécessité d'une berge s'appliquent à plus forte raison au cas où l'un des héritages est un chemin vicinal, puisque ce chemin étant soumis à un passage continuel, les terres et les matériaux qui le couvrent seraient plus exposés à s'ébouler dans le fossé, si aucun intervalle de terrain n'avait été réservé entre le chemin et le fossé. D'un autre côté, il doit y avoir réciprocité entre les voisins, et enfin l'instruction déjà citée de 1824 renvoie d'une manière générale au droit commun pour tout ce qui concerne les fossés établis le long des chemins vicinaux.

Une autre question qui a beaucoup d'analogie avec celle-ci, est de savoir si le propriétaire riverain est obligé d'observer les distances prescrites par l'article 671 du Code civil, pour la plantation d'arbres ou de haies.

L'art. 7 de la loi du 9 ventôse an XIII porte qu'à l'avenir nul ne pourra planter sur le bord des chemins vicinaux, même dans sa propriété, sans leur conserver la largeur qui leur aura été fixée. Doit-on induire de ces expressions que l'on peut planter soit sur le sol

même du chemin communal, en dehors de la partie
de la largeur déclarée vicinale, soit sur le bord de l'héritage voisin, sans observer de distance ? — No , ne
le pensons pas.

Les termes de cet article signifient seulement que
lorsque la largeur du chemin vicinal a été fixée par
le Préfet, le propriétaire riverain sur lequel cette
largeur doit être prise en partie, ne peut plus planter la portion destinée à servir de complément au chemin, sans commettre une anticipation sur la viabilité
de la route : la question relative à la distance reste
donc intacte ; mais alors comment doit-elle être résolue ?

M. Garnier, pag. 346, la résout dans le sens que
le riverain n'est tenu à laisser aucun espace, quoique ,
par une singulière contradiction, analogue à celle que
nous avons déjà signalée dans son opinion relative aux
fossés, il enseigne qu'une commune qui planterait
un de ses chemins , serait obligée de placer les arbres
à la distance voulue par la loi.

La raison qui le détermine est que les branches
et les racines des arbres pourraient nuire aux récoltes
des propriétés riveraines , tandis que l'ombrage est nécessaire aux chemins, sans que l'épuisement de leur
sol par les racines soit à craindre. Cette raison nous
paraît peu satisfaisante, en ce que l'observation de
la loi n'est point subordonnée au plus ou moins de
préjudice possible pour le voisin, et qu'en fait il est
certain que l'ombre projetée par des plantations tend
à détériorer les chemins en y conservant une humidité nuisible.

Nous préférons donc l'opinion de M. Proudhon,
d'ailleurs conforme à l'instruction de 1824, et nous

pensons avec lui que la question doit être décidée par les principes du droit commun.

Au surplus les solutions que nous venons d'indiquer n'ont lieu qu'en ce qui a trait à la propriété telle qu'elle est régie par le droit civil, et pourront être modifiées au profit des communes ou des propriétaires voisins par l'arrêté que le Préfet doit prendre, aux termes de l'art. 21 ci-après, mais à la charge d'une juste et préalable indemnité, lorsque cette modification constituera une atteinte à la propriété privée, ainsi que nous l'expliquerons dans les notes sur ledit article.

Une observation qu'il ne faut pas perdre de vue et qui trouve naturellement sa place sous l'article 1er que nous examinons, c'est que les rues des bourgs et villages, quoique n'étant en général que le prolongement des chemins vicinaux, ne sont point soumises aux règles établies par la présente loi; de telle sorte qu'elles ne doivent pas être portées sur les tableaux de classement, et que la législation des chemins vicinaux relativement au mode soit d'établissement et d'entretien, soit de répression des usurpations qui y seraient faites, ne peut leur être appliquée.

Cette distinction qui a surtout de l'importance par rapport aux juridictions, a été consacrée de la manière la plus formelle par diverses ordonnances royales rendues en matière contentieuse, notamment par celles des 30 juillet 1817, 23 janvier et 11 février 1820, et 27 avril 1825, entre la commune du Trept et la dame veuve Blanchet, rapportées dans le recueil des arrêts du Conseil d'état.

Il pourra sans doute y avoir dans certains cas incertitude sur le point précis où finit le chemin vicinal et où la rue commence. Il est bien évident que

trois ou quatre habitations éparses dans les champs,
le long d'un chemin, ne peuvent donner à ce chemin
le caractère d'une rue ; mais aussi toutes les fois qu'il
y a un certain nombre d'habitations agglomérées,
les voies de communication qui servent à leurs habitans sont des rues et non des chemins vicinaux. C'est
ce que M. le Ministre de l'intérieur fait remarquer
dans sa circulaire du 24 juin 1836, page 12 de l'é-
dition officielle.

ARTICLE II.

« En cas d'insuffisance des ressources ordinaires
« des communes, il sera pourvu à l'entretien des che-
« mins vicinaux, à l'aide, soit de prestations en na-
« ture, dont le maximum est fixé à trois journées de
« travail, soit de centimes spéciaux en addition au
« principal des quatre contributions directes, et dont
« le maximum est fixé à cinq.

« Le conseil municipal pourra voter l'une ou l'autre
« de ces ressources, ou toutes les deux concurrem-
« ment.

« Le concours des plus imposés ne sera pas néces-
« saire dans les délibérations prises pour l'exécution
« du présent article. »

Après avoir posé dans l'art. 1er le principe général que l'entretien des chemins est à la charge des
communes, la loi organise dans les articles 2, 3,
4 et 5 les moyens de pourvoir aux dépenses de cet
entretien. C'est la partie la plus importante, et il faut
même dire la partie principale, de la loi.

Avant 1789 l'entretien des chemins vicinaux qui
dans certaines provinces était à la charge des proprié-

² aires riverains, concernait assez généralement les seigneurs hauts-justiciers qui faisaient faire les réparations au moyen de corvées, c'est-à-dire de prestations en nature, que chaque habitant était obligé de
fournir à raison de sa personne, de celles des membres
de sa famille, et des animaux de trait ou de charge qui
lui appartenaient, ou à raison de certains héritages
qu'il possédait.

Les corvées ayant été supprimées par les lois aboli-
tives de la féodalité, comme contraires à la liberté
individuelle, les frais d'entretien des chemins communaux furent mis par l'art. 50 de la loi du 14—18 décembre 1789, à la charge des communes.

Ce principe, qui n'était accompagné d'aucuns moyens
d'exécution, fut expliqué par l'art. 2 de la sect. 6, tit.
1er du Code rural du 28 sept.—6 octobre 1791, qui,
après avoir rappelé que les chemins reconnus par le directoire de district pour être nécessaires à la communication des paroisses doivent être rendus praticables
et entretenus aux dépens des communautés sur le
territoire desquelles ils sont établis, ajoute : qu'il pourra y avoir à cet effet une imposition au marc la livre
de la contribution foncière. La loi du 16 frim. an
11, et celle du 11 frim. an vii, se bornent à énon-
cer que les chemins vicinaux continueront d'être aux
frais des administrés, et que les dépenses de la voirie
et des chemins vicinaux dans l'étendue de la commune
seront comprises parmi les dépenses communales. On
trouve ensuite les lois des 28 pluviôse an viii et 4
thermidor an x, qui portent : la première, art. 15, tit.
1er, « Le Conseil municipal réglera la répartition des
« travaux nécessaires à l'entretien et aux réparations
« des propriétés qui sont à la charge des habitans; »

et la seconde, titre 2, art. 6 : « Les Conseils munici-
« paux émettront leur vœu sur le mode qu'ils ju-
« geront le plus convenable pour parvenir à la ré-
« paration des chemins vicinaux ; ils proposeront à
« cet effet l'organisation qui leur paraîtrait devoir être
« préférée pour la prestation en nature. »

Ce mode de prestation fut organisé, quoiqu'impar-
faitement, par l'instruction ministérielle du 7 prairial
an XIII, et a été employé jusqu'à la loi de finances du
15 mai 1818, dont l'art. 94 a interdit, à peine de con-
cussion, toutes contributions directes ou indirectes
autres que celles autorisées par cette loi, à quelque
titre et sous quelque dénomination qu'elles se per-
çoivent.

Tel était l'état de la législation lorsqu'a été rendue
la loi du 28 juillet 1824, dont les articles 2, 4, 5 et
6 portent qu'en cas d'insuffisance des revenus des
communes, pour subvenir aux dépenses ordinaires des
chemins, il y sera pourvu par des prestations en nature ou en argent, au choix des contribuables ; — que
si ces prestations sont elles-mêmes insuffisantes, cinq
centimes additionnels pourront être ajoutés au principal des contributions directes ; — que les prestations
et les cinq centimes seront votés par les Conseils municipaux qui, pour ce dernier vote, s'adjoindront les
contribuables les plus imposés ; — enfin, que si ces divers moyens sont insuffisans pour des travaux indispensables, il sera pourvu à la dépense par des contributions extraordinaires établies par ordonnance royale
et sans limite de leur quotité.

Quoique plus étendues et plus explicites que celles
qui les avaient précédées, ces dispositions ont été loin
d'atteindre le but que l'on s'était proposé, parce

que leur application était abandonnée à l'autorité locale, dont les agens avaient le plus souvent un intérêt
personnel à ce qu'elles ne fussent point exécutées.

C'est à cet obstacle que la nouvelle loi a essayé de
parer, en investissant, par son art. 5, le Préfet du
droit de disposer des ressources dont on vient de parler, dans le cas où les Conseils municipaux refuseraient
ou négligeraient d'en faire usage. Par là, ce qui était
facultatif est devenu obligatoire, et il existe aujour-
d'hui un moyen de vaincre la force d'inertie que les
administrations locales n'étaient que trop portées à
opposer aux mesures qu'un esprit d'égoïsme mal entendu leur faisait considérer comme onéreuse.

A notre avis, la loi nouvelle n'a remédié qu'à une
partie du mal ; il n'aurait pas fallu seulement con-
traindre à faire les dépenses nécessaires; le point es-
sentiel, et qui eût surtout contribué à faciliter l'exécution de la loi, c'était une répartition juste et générale de la dépense.

La longueur et les frais de confection et d'entretien
des chemins vicinaux sont rarement en rapport avec
la richesse et les ressources des communes. On pourrait même dire qu'ils sont en proportion inverse.
En effet les villes les plus populeuses et les plus riches, dont le territoire, ordinairement assez limité,
est coupé en tous sens par des grandes routes à la
charge de l'Etat ou du Département, ont beaucoup
moins de chemins vicinaux que les communes pauvres,
ayant, à raison même du peu de valeur des propriétés, un territoire très vaste et présentant souvent
des montagnes ou des marais qui rendent l'établissement de voies de communication extrêmement dispendieux. Ainsi, la plupart des grandes villes de France

où se concentrent toutes les richesses , telles que
Paris, Lyon, etc., ont moins de chemins vicinaux à
leur charge que de pauvres villages situés au-dessus
des montagnes.

D'un autre côté, le système de la prestation en nature offre même dans chaque commune une inéga-
lité aussi injuste pour les citoyens pris individuellement,
que contraire à l'intérêt général. Cette prestation n'at-
teignant pas tout le monde , et se répartissant, non
dans la proportion des fortunes, mais à raison du
nombre des individus, il en résulte que souvent les
plus riches sont affranchis de toutes charges, ou ne les
supportent qu'indirectement et dans une très faible
proportion avec leurs facultés, tandis que l'homme
dont toute la fortune ne consiste que dans le travail de
ses bras, y contribue dans un rapport exorbitant avec
ses ressources.

Partant de ce principe, base de toute association,
que plus une charge est répartie, moins elle pèse sur
chacun; le législateur aurait dû mettre la réparation
et l'entretien des chemins vicinaux au compte de
l'Etat, et pourvoir aux dépenses qui en seraient ré-
sultées, au moyen des contributions directes qui pèsent
sur tous et dans une proportion assez en rapport avec
les moyens de chacun; par là les travaux eussent été
mieux faits, et les résistances locales qu'éprouvera
encore la loi eussent été vaincues; tout le monde aurait contribué, et la charge n'aurait été grave pour
personne. L'objection de l'augmentation des impôts
déjà trop élevés est sans poids, en ce que la dépense étant reconnue nécessaire, il faudra toujours
que les citoyens la supportent à un titre ou à un autre.
Mieux aurait valu choisir le mode qui aurait occa-

sionné le moins d'injustices et qui aurait atteint plus directement le but proposé.

Les moyens prescrits par la nouvelle loi pour l'entretien des chemins vicinaux sont à-peu-près les mêmes que ceux établis par les articles 2, 4 et 5 de la loi de 1824 : emploi des revenus ou ressources ordinaires des communes ; — prestations en nature ou en argent, au gré des contribuables; — enfin, cinq centimes additionnels au principal des quatre contributions directes.

Cependant il existe des différences notables qu'il convient de signaler.

1° La loi nouvelle ne parle plus de la contribution extraordinaire autorisée par ordonnance royale et dont le maximum n'était pas déterminé, que l'art. 6 de la loi de 1824 permettait d'ajouter au produit des prestations. Doit-on induire de ce silence que ce moyen extraordinaire ne puisse encore être employé pour le cas de travaux indispensables? Nous ne le pensons pas; seulement il ne pourra être que le résultat d'un vote spontané du Conseil municipal, et il ne sera point loisible au Préfet de l'imposer; l'art. 5 ne lui permettant d'user que des prestations et des centimes additionnels.

La réparation des chemins vicinaux étant une dépense communale à laquelle la loi attache la plus grande importance, il n'y a pas de doute que les communes pourront, en remplissant les formalités voulues par les lois, notamment par les articles 39 et 41 de celle du 15 mai 1818, s'imposer extraordinairement pour cet objet, comme elles le peuvent pour toute autre dépense de grande utilité, telle que la construction d'un pont ou d'un édifice quelconque.

On avait demandé à la Chambre des Pairs que l'art. 6 de la loi de 1824, qui autorisait cette contribution, fût abrogé; mais le Gouvernement s'y opposa : la proposition n'eut pas de suite; et au contraire l'art. 22, ci-après, qui laisse subsister les dispositions des lois précédentes non modifiées, fut adopté.

2° La prestation en nature peut comprendre *trois journées* de travail ou leur valeur, au lieu de *deux* qu'imposait seulement la loi de 1824.

3° D'après cette dernière loi, l'imposition des cinq centimes additionnels ne pouvait être votée qu'en cas d'insuffisance des revenus des communes et de la prestation de deux journées de travail; tandis que suivant la loi nouvelle, après l'emploi des ressources ordinaires, le Conseil municipal peut voter à son choix, soit les cinq centimes, soit la prestation en nature, soit les deux moyens concurremment. L'amendement de la Commission, qui tendait à maintenir l'ordre fixé par la loi de 1824, a été rejeté. Cette latitude, jointe à l'élimination des plus imposés, nous paraît laisser un arbitraire trop étendu aux Conseils municipaux, qui, selon les localités et les circonstances, pourront grever à leur gré, soit la propriété foncière et l'industrie, soit les prolétaires. Il ne faut pas perdre de vue en effet que les conséquences de l'un et de l'autre mode de contribution sont essentiellement différentes, et portent respectivement sur des classes qu'il eût été convenable de faire concourir proportionnellement, mais non de charger ou d'affranchir les unes au préjudice des autres. Tout bien considéré, une certaine injustice résultant de la loi est encore plus tolérable que l'arbitraire de l'homme.

4° La loi de 1824 portait que la prestation en nature et l'imposition des centimes auraient lieu en cas d'insuffisance des *revenus*; la loi nouvelle s'est servie de l'expression de *ressources ordinaires*, plus étendue et plus convenable ; les communes ayant des ressources ordinaires, telles que des centimes additionnels aux contributions, des amendes de police, des droits d'expédition d'actes, des indemnités pour frais d'enrôlemens volontaires, des prix de concessions pour alignemens, etc., qui ne peuvent pas être rangées sous la dénomination de revenus, laquelle ne s'applique dans le langage ordinaire qu'aux prix de baux, aux rentes et aux intérêts.

5° Le concours des plus forts imposés, exigé par l'article 5 de la loi de 1824 pour le vote des cinq centimes, a été supprimé.

Nous ne pouvons qu'applaudir à cette innovation qui a donné lieu aux plus longues discussions, et qui n'a passé qu'à une faible majorité, après des épreuves douteuses. Le concours des plus imposés, qui peut être avantageux dans les villes où se trouve un grand nombre de contribuables qui y demeurent, est une formalité inutile et plutôt une entrave qu'une garantie dans les petites localités où les gros propriétaires ne sont pas présens, et où, à leur défaut, les plus forts imposés sont souvent des hommes sans connaissance des affaires, ne payant quelquefois que 7 ou 8 francs de contributions et ne remplissant aucune des conditions que l'on doit rechercher dans ceux auxquels est confiée la direction des affaires publiques. D'ailleurs l'entretien des chemins vicinaux devenant une dépense forcée et en quelque sorte ordinaire, l'adjonction des plus imposés, que la loi du 15 mai 1818 n'a érigée en principe que dans le cas de dépense

extraordinaire et facultative, ne doit plus recevoir ici
son application, ainsi qu'on l'a déjà reconnu pour les
dépenses concernant l'instruction primaire.

On aurait pu désirer plus de précision dans le dernier paragraphe de l'article 2 qui rejette le concours
des plus imposés. En se servant de ces termes : *Le
concours ne sera pas nécessaire,* on pourrait supposer
que le législateur l'a rendu facultatif, mais ne l'a point
prohibé. Nous ne pensons pas que la loi doive être
entendue dans ce sens : en matière de pouvoirs publics
tout ce qui n'est point concédé ou prescrit est par,
là même interdit. Ainsi les conseils municipaux ne
pourront pas s'adjoindre à leur volonté les plus forts
imposés; la délibération qu'ils prendraient avec eux
serait nulle, en ce qu'elle ne serait plus l'expression de
la volonté de la majorité du Conseil, mais le vœu
d'une réunion irrégulièrement composée et ne représentant pas légalement la commune. Le paragraphe
qui nous occupe n'a été ainsi rédigé qu'à raison de
ce que la loi précédente prescrivait le concours des
plus imposés; en disant que ce concours ne sera plus
désormais nécessaire, elle a voulu dire qu'elle l'abro-
geait et que par là même elle le prohibait.

6° Enfin la loi nouvelle offre aux communes, dans
son article 8, une ressource que n'avait point établie
la législation précédente et consistant dans une subvention qui pourra être accordée aux communes sur
les fonds du département. Il était arrivé quelquefois
que des secours avaient été donnés aux communes
pour cet objet par les Conseils généraux; mais alors
cet emploi des ressources départementales était contraire à la loi et n'avait lieu que dans des circonstances
extrêmement rares, tandis qu'aujourd'hui il devient

une mesure légale quoique subsidiaire et seulement autorisée pour des cas extraordinaires.

La prestation en nature et l'addition des 5 centimes
n'étant que des moyens subsidiaires, les habitans pourraient former opposition à leur emploi si les ressources
ordinaires étaient suffisantes ou n'avaient pas été préalablement absorbées. Dans tous les cas, le Conseil
municipal n'est pas obligé de voter les trois journées
de travail et les 5 centimes : c'est un maximum qu'il
ne peut dépasser, mais au-dessous duquel il peut rester
en ne votant qu'une journée ou un centime ; l'impôt
devant être proportionné à la dépense nécessaire.

Nous pensons aussi qu'il pourrait voter concurremment une partie de la prestation et une partie des
centimes, ce qui deviendrait même indispensable si,
outre les travaux de terrassement qui peuvent être
exécutés par tout le monde, il y avait à faire des ouvrages d'art tels que des ponts, des murs, des aqueducs, que des ouvriers peuvent seuls exécuter convenablement.

ARTICLE III.

« Tout habitant, chef de famille, ou d'établisse-
« ment, à titre de propriétaire, de régisseur, de fer-
« mier, ou de colon partiaire, porté au rôle des con-
« tributions directes, pourra être appelé à fournir,
« chaque année, une prestation de trois jours : 1° pour
« sa personne, et pour chaque individu mâle, valide,
« âgé de 18 ans, au moins, et de 60 ans, au plus,
« membre, ou serviteur de la famille, et résidant dans
« la commune ; 2° pour chacune des charrettes ou voi-
« tures attelées, et, en outre, pour chacune des bêtes

« de somme, de trait, de selle, au service de la fa-
« mille, ou de l'établissement dans la commune. »

La corvée que la prestation remplace aujourd'hui
était de deux espèces : la personnelle et la réelle.
Selon la loi 1, § 3, ff., *de Muner. et Honor.*, la
corvée personnelle était celle que le corvéable payait
de sa seule personne, et la réelle celle où il employait
quelque chose de son bien et les instrumens de travail
de son exploitation.

Cette distinction est maintenue par l'article que
nous examinons. Comme le dit M. le Ministre de
l'Intérieur, dans sa circulaire du 24 juin 1836, il
faut distinguer entre l'obligation imposée à l'habitant, et en vue de sa personne seulement, et l'obligation imposée à tout individu en vue de la famille
dont il est le chef ou de l'établissement agricole ou
autre dont il est propriétaire ou gérant, à quelque
titre que ce soit. Dans le premier cas, l'obligation est
personnelle et directe, en ce sens qu'elle atteint directement le contribuable pour sa personne seule; dans
le second, elle est indirecte, à raison de ce qu'elle ne
lui est plus imposée pour sa personne, mais bien
pour les moyens d'exploitation de son établissement,
lesquels se composent des membres de sa famille ou de
ses serviteurs, et encore de ses instrumens de travail,
tels que voitures, bêtes de somme, de trait et de selle.
Ainsi tout habitant peut être imposé à la prestation en
nature, directement et pour sa personne, s'il est
porté au rôle des contributions et s'il remplit les
conditions d'âge, de sexe et de force prévues par
la loi; la charge lui est alors imposée, abstraction
faite de toute qualité de propriétaire, de chef de
famille ou d'établissement.

Pour qu'une exploitation agricole ou industrielle puisse, au contraire, être imposée dans tous ses moyens d'action, dans tous ses instrumens de travail, il n'est plus nécessaire que le chef de l'exploitation ou de l'établissement soit mâle, valide, âgé de 18 à 60 ans, ni même résidant dans la commune. C'est l'exploitation agricole, c'est l'établissement industriel existant dans la commune, qui doit la prestation, abstraction faite du sexe, de l'âge et de l'état de validité du chef. Ce chef, sans doute, ne sera pas imposé personnellement s'il ne réunit pas les conditions nécessaires pour que sa cote personnelle lui soit demandée; mais il sera, dans tous les cas, tenu d'acquitter la prestation imposée dans les limites de la loi pour tout ce qui dépend de l'exploitation agricole ou de l'établissement industriel situé dans la commune.

Ces notions posées, il convient de reprendre chaque disposition de l'article en particulier.

Tout habitant. La charge est attachée à l'habitation à la résidence, et non au domicile, soit civil, soit politique; l'impôt étant fondé sur l'usage que l'on fait du chemin, c'est dans l'endroit où cet usage a lieu que la prestation doit être acquittée. De-là il résulte, 1° que le forain qui ne possède que des propriétés dans une commune, sans y demeurer, lors même qu'il aurait une maison et y paierait une contribution mobilière, n'est point assujetti à la prestation.

2° Que celui qui, comme beaucoup de personnes riches, passe une moitié de l'année dans une commune et le reste dans une autre, doit être réputé avoir deux résidences et par conséquent être assujetti à une double prestation dont rien n'empêcherait, au reste, que le

Conseil municipal ne proportionnât la quotité au temps de l'habitation dans la commune.

3° Que par rapport aux ouvriers et manœuvres on doit considérer comme lieu de résidence ou d'habitation celui où ils couchent et passent les jours de repos, lors même qu'ils travailleraient le reste du temps dans une autre commune.

Ici se présente la question de savoir depuis combien de temps il faut qu'un individu réside dans une commune pour en être réputé habitant. La difficulté s'était déjà élevée par rapport à la distribution des affouages communaux, elle avait été résolue d'une manière différente dans les diverses localités. Une instruction ministérielle du 23 vendémiaire an 11, et un assez grand nombre d'arrêtés préfectoraux décidaient que la résidence d'un an et un jour était nécessaire. M. Proudhon, dans son Traité des Droits d'Usufruit, (t. 7, n° 3282), s'élève contre cette opinion et démontre par les principes généraux du droit qu'il suffit que la personne qui prétend avoir droit à l'affouage ait sa résidence et son habitation fixe au moment où le rôle est dressé, lors même qu'elle ne serait dans la commune que depuis quelques jours. Cette décision doit être à plus forte raison suivie en matière de contribution à l'entretien des chemins vicinaux, puisqu'à la différence de l'article 105 du Code forestier qui exige un domicile réel et fixe, la loi que nous examinons ne s'occupe que de la résidence qui est entièrement de fait et qui résulte de la simple habitation dans la commune, sans autre condition et sans égard à l'époque où elle a commencé. Il suffira donc, pour être soumis à la prestation, d'être habitant au moment de la publication du rôle.

Chef de famille ou d'établissement. Ces expressions à peu près semblables à celles de l'article 105 du Code forestier, doivent être entendues dans le même sens et s'appliquer à toute personne qui n'est point placée sous la dépendance d'une autre, lors même qu'elle serait célibataire et ne serait point à la tête de ce que l'on entend communément par établissement agricole ou industriel.

Tout habitant chef de famille ou d'établissement. Cette disposition ne comprend, quoique la loi ne l'ait pas dit positivement, que les individus mâles, âgés de 18 ans au moins et de 60 ans au plus et valides; ainsi les mineurs de 18 ans, même mariés et chefs d'établissement, les majeurs de 60 ans, les veuves, les femmes séparées ou les filles, ne seront point soumis personnellement à la prestation; ils ne la devront que pour leurs parens, serviteurs, chevaux, charrettes, etc.; on aurait pu désirer plus de clarté dans la rédaction, mais il résulte de la discussion aux Chambres qu'elle n'a été ainsi conçue que pour éviter des répétitions.

A titre de propriétaire, de régisseur, de fermier ou de colon partiaire. Ce qui doit s'étendre aussi à l'usufruitier, à l'emphytéote, à l'usager et à celui qui jouit d'un droit d'habitation.

Le régisseur et le fermier doivent, selon M. Proudhon (*Traité du Domaine public*, n° 508), être considérés comme occupant ici la place du propriétaire et subrogés personnellement aux obligations de celui-ci. En sorte que si un propriétaire non résidant dans la commune exploitait sa ferme avec ses propres chevaux et voitures, par l'intermédiaire d'un régisseur ou colon qui ne serait porté à aucun rôle de contributions, ceux-ci n'en devraient pas moins la prestation au lieu et place du propriétaire, tant pour eux que pour les domestiques, charrettes et chevaux de la ferme, tandis que si on n'admettait point cette subrogation du régisseur ou colon à la place du propriétaire, il en résulterait que ce dernier ne résidant pas dans la commune ne devrait rien, ni pour lui, ni pour ses domestiques et animaux, et que, d'un autre côté, le régisseur ne payant point de contribution ne pourrait être imposé, ou s'il en payait ne supporterait la prestation que pour lui personnellement et non pour les domestiques, chevaux, etc., de la ferme, qui ne sont point les siens; ce qui serait d'autant plus injuste que la charge des corvées est une servitude réelle imposée aux fonds de la commune en réciprocité de ce que le chemin sert à leur exploitation. Au reste le fermier ou le colon qui a acquitté la prestation .igée pour la réparation des chemins, ne serait point fondé à s'en faire rembourser par son propriétaire; il en est de cet impôt comme de celui des portes et fenêtres que le locataire paie sans recours.

Porté au rôle des contributions directes. L'art. 3 de la loi de 1824 disait : Porté sur *l'un des rôles* des contributions directes. Malgré le changement de rédaction on pense que rien n'a été innové au fond, et qu'aujourd'hui comme sous la loi de 1824, il suffit, pour être imposable, d'être inscrit sur l'un des rôles, soit de l'impôt foncier, soit des patentes, des portes et fenêtres ou seulement de la contribution personnelle. Cette disposition diffère de celle de l'art. 2 de la loi du 6 octobre 1791, qui portait que pour la réparation des chemins il pourrait y avoir une imposition au marc la livre de la contribution foncière et qui n'exigeait d'ailleurs pas la résidence dans la commune. C'est

avec raison que les contribuables à tous les titres ont
été appelés à subvenir à l'entretien des chemins, en
ce que ces voies de communication sont utiles, non
pas seulement à la propriété foncière, mais encore à
l'industrie et même aux personnes qui vivent de leurs
rentes ou d'un traitement qu'ils reçoivent à raison
de leurs fonctions.

*Tout habitant, chef de famille, etc., porté au rôle
des contributions.* Ces diverses conditions sont exigées
cumulativement pour qu'on soit soumis à la prestation.
L'absence d'une seule suffirait pour en affranchir.

Pourra être appelé à fournir. La loi ne pose pas ici
une règle inflexible comme si elle eût dit : *doit être
tenu;* elle laisse aux Conseils municipaux répartiteurs
de ces charges un pouvoir discrétionnaire, en vertu
duquel ils peuvent modifier la répartition de manière
à la rendre autant que possible proportionnée aux divers degrés d'aisance ou de fortune des habitans, afin
d'atténuer convenablement le contingent des pauvres.
Ce pouvoir résulte de la règle d'équité naturelle reproduite dans toutes nos lois positives, et notamment
dans celle du 14 floréal an XI, relative au curage des
canaux et rivières non navigables, et du 16 septembre
1807 (art. 29), sur les constructions de travaux intéressant plusieurs communes, et qui veut que les dépenses à faire pour cause d'utilité locale soient sup-
portées dans la proportion des intérêts que les contribuables ont à la chose; le riche profitant des chemins
vicinaux dans une bien plus grande proportion que
celui qui jouit d'une moindre aisance.

La Chambre des Députés avait ajouté à l'article qui
nous occupe un dernier paragraphe portant : que lors
de la formation du rôle, le Conseil municipal dési-

gnera les habitans qu'il croira devoir exempter de la
prestation; mais cet amendement fut supprimé par la
Chambre des Pairs. — Doit-on induire delà que le
Conseil municipal soit obligé de soumettre à la prestation les habitans même les plus indigens? Non, et
M. Feutrier a expliqué ce retranchement, en disant :
qu'aux termes des articles 2 et 7 de la loi du 26 mars
1831, sur les contributions personnelles et mobilières,
la distraction des indigens devant être faite au rôle des
contributions personnelles et mobilières par les répartiteurs, de concert avec le maire et l'adjoint, en
présence du contrôleur, il n'y avait ni motif, ni convenance pour recommencer cette opération, faite une
fois avec maturité, et que, quant aux habitans devenus
indigens depuis l'émission du rôle, ils seraient portés
sur l'état des cotes irrécouvrables.

Chaque année. Il est évident que si pendant une ou
plusieurs années, les chemins vicinaux d'une commune
n'avaient pas besoin de réparation, la prestation ne
pourrait être exigée ni employée à d'autres travaux,
même d'utilité communale, car l'impôt est uniquement fondé sur le besoin et ne peut être détourné de
sa destination.

Si, malgré le pouvoir accordé avec beaucoup de
raison par l'art. 5, au Préfet, d'ordonner lui-même
l'emploi des prestations, il arrivait qu'une commune
négligeât pendant deux ou trois ans de réparer ses
chemins, pourrait-on cumuler les arrérages de ces
années, et exiger, par exemple, des habitans compris
dans le rôle six ou neuf journées consécutives?

M. Proudhon, n° 508 du Traité déjà plusieurs fois
cité, se prononce pour l'affirmative, à moins qu'il ne
s'agisse de dégradations récemment survenues; et ses

motifs sont que le principe de la dette, qui s'est suc-
cessivement aggravé, existant depuis plusieurs années,
la réparation du chemin n'a cessé à aucune époque
d'être à la charge des habitans, et qu'en négligeant
d'accomplir leur devoir, ils ne peuvent légitimement
rejeter la dépense qu'ils auraient pú laisser augmenter à dessein sur les forains et autres propriétaires
d'héritages par le moyen du recours aux centimes additionnels à la contribution foncière.

Nous ne saurions adopter cette décision qui n'était
point admise non plus autrefois en fait de corvée, ainsi
que l'enseignent tous les auteurs, notamment Loisel
(Institut. liv. 6, tit. 6, § 10), qui avait posé cette
règle, *corvées ne tombent en arrérages*; Boucheul sur
Poitou, § 99, n° 33; Guyot, *des Fiefs*, tom. 1, p.
307; Chasseneux, Coutume de Bourgogne; et le président Bouhier dans ses observations sur la même coutume, chap. 60, n° 78.

Le seul motif plausible donné par M. Proudhon, et
tiré de ce que la réparation des chemins pourrait autrement retomber sur les propriétaires fonciers à la
décharge des habitans, n'existe plus aujourd'hui que
la prestation en nature peut n'être votée qu'après les
centimes additionnels; et comme le dit très bien M. le
Ministre de l'intérieur dans sa circulaire du 24 juin
1836, la lettre et l'esprit de la loi s'opposent également
à ce que, sous le prétexte d'arrérages que le maire aurait irrégulièrement laissé accumuler, on force ensuite
les contribuables à venir employer dans la même année six ou neuf journées, tant pour l'arriéré que pour
le courant. « En matière de contributions directes,
« continue cette circulaire, le recouvrement par dou-
« zième est prescrit plus encore dans l'intérêt du con-

« tribuable que dans celui du trésor.... En fait de
« prestations en nature, il doit être procédé d'après
« les mêmes principes. Les cotes exigibles en argent
« doivent être recouvrées dans les mêmes délais que
« les contributions directes ; les cotes acquittables en
« nature doivent être consommées, sinon dans l'année
« même pour laquelle elles ont été votées, au moins
« dans les délais fixés pour la clôture de l'exercice
« auquel ces prestations se rattachent, » c'est-à-dire
avant le 1er avril ou le 1er juillet de l'année suivante,
conformément à l'ordonnance royale du 1er mars
1835.

Une prestation de trois jours. Comme on l'a déjà
dit, le taux fixé par la loi de 1824 a été augmenté
d'une troisième journée par la nouvelle loi ; nous pensons que même joint au vote facultatif des cinq centimes, il sera insuffisant dans la plupart des communes
pour procurer l'amélioration si désirable des chemins
vicinaux.

Quoique la loi nouvelle parle d'une manière absolue d'une prestation de trois jours, à la différence de
celle de 1824, portant *qui ne peut excéder....* il n'en
est pas moins certain que le législateur n'a entendu
fixer qu'un *maximum*, comme il s'en est expliqué
dans l'article précédent, en laissant les répartiteurs
maîtres de modifier la charge dans tout ce qui est in-
férieur au taux qu'ils ne peuvent dépasser.

M. Proudhon enseigne, au n° 509, que cette modification doit même aller jusqu'à la répartition des
contribuables en plusieurs classes, assujetties chacune à
un taux différent, toujours bien entendu dans la limite
du maximum ; de manière que la classe des habitans
les plus aisés fournirait une prestation de trois jours,

et les autres une prestation de deux, d'une et même d'une demi-journée selon leurs facultés.

Par journée de travail, on doit entendre l'intervalle compris entre le soleil levant et le soleil couchant, avec repos d'environ une heure sur le midi pour prendre la nourriture. C'est ainsi que cela se pratiquait sous l'ancienne législation en fait de corvées, aux termes de la loi 22, § *ult.*, ff. *de op. libert.*, de la coutume d'Auvergne, t. 25, § 18; de celle de Bourbon, § 339. Voy. aussi les Obs. sur la coutume de Bourgogne, du présid. Bouhier, ch. 60, n° 64 et 65.

Lorsque le corvéable tombait malade dans l'exercice de sa corvée, sa journée lui était comptée comme s'il l'eût réellement faite. (Loi 4, § 5, ff. *de stat. libert.* Auroux sur Bourbonnais, § 339, n° 10; Bouhier, ch. 60, n° 67.)

Un principe qui était également consacré par l'opinion unanime des auteurs, c'est que le corvéable était obligé de se fournir de tous les instrumens nécessaires pour l'exercice de la corvée, tels que pioche, pelle, brouette, etc., et que s'il venait à les rompre, c'était à lui à les faire raccommoder à ses frais. (Bouhier, *loc. cit.*, n° 73.) — Nous pensons qu'il doit en être encore de même aujourd'hui, car il est impossible que les communes aient en magasin tous les outils nécessaires pour le travail de plusieurs centaines de personnes. L'instruction ministérielle du 24 juin 1836 suppose dans les formules d'avertissement qui l'accompagnent, *modèle F*, qu'il doit en être ainsi.

Pour sa personne et pour chaque individu...... La prestation, bien que calculée à raison du nombre d'individus composant la famille, est due personnellement

3

par le chef qui demeure garant de son acquittement. Il ne pourrait renvoyer la commune à l'exiger des personnes de sa maison ou de ses parens et enfans; les termes de la loi sont clairs, c'est lui-même qui doit; on a supposé qu'il avait le pouvoir de faire payer la dette. Au surplus, le nombre de journées de travail étant une fois déterminé en considération du nombre des individus, ceux-ci ne sont pas obligés d'exécuter le travail par eux-mêmes; le chef de famille peut le faire faire par qui bon lui semble, pourvu que les ouvriers qu'il emploie remplissent les conditions d'âge, de sexe et de force exigées par la loi; mais ils ne pourront faire exécuter les travaux par des femmes, des mineurs de 18 ans, des individus plus que sexagénaires ou invalides; car les motifs d'exemption pour ces personnes, sont des causes d'incapacité qui doivent les faire rejeter par l'autorité.

La loi de 1824 portait : « Pour lui et pour chacun « de ses fils vivant avec lui, ainsi que pour chacun de « ses domestiques mâles. » La rédaction nouvelle est beaucoup plus large, comprend un plus grand nombre de personnes et vaut mieux que celle de la loi précédente.

Individus mâles. Des motifs de décence publique ont fait admettre au profit des femmes une exemption qui n'est pas juste au fond, puisque celles-ci profitent des chemins comme les autres habitans, mais qui devenait convenable dès qu'on admettait la prestation personnelle.

Valides. Il faut distinguer entre les infirmités temporaires et accidentelles et celles durables qui tiennent à un vice d'organisation, à une affection chronique ou à une mutilation. Ces dernières seules peuvent motiver une exemption absolue; les autres ne doivent donner lieu qu'à un délai pour se libérer.

Au reste, par infirmités on doit entendre non seulement celles physiques, mais encore l'aliénation mentale qui, sans enlever la force du corps, prive l'individu qui en est affecté des moyens de la diriger et d'en faire un usage utile. Ainsi, l'interdit ou celui qui sans l'être se trouve dans un état habituel de fureur, de démence ou d'idiotisme, devra être rayé du rôle. — Il en sera différemment du majeur auquel il a été nommé un conseil judiciaire aux termes de l'article 513 du Code civil, pour cause de prodigalité et de mauvaise administration, ainsi que de la personne qui serait simplement affectée de manie ou d'hallucinations; les mêmes motifs d'exemption n'existant point relativement à ces individus.

Agés de 18 ans au moins et de 60 ans au plus. Il y a ici modification à la loi de 1824, qui ne soumettait à la prestation que les majeurs de 20 ans accomplis et qui n'avait point fixé de limite après laquelle l'exemption existait de droit. Nous préférons la rédaction nouvelle, à la forme et au fond. A la forme, en ce que l'âge, comme cause d'invalidité, donnait lieu à des difficultés résolues nettement par la nouvelle disposition; et au fond, en ce que l'homme âgé de 18 ans qui est capable de se marier, qui peut s'enrôler sans le consentement de ses parens, dont les biens ne sont plus soumis à l'usufruit paternel, et qui a la force physique suffisante, devait être assujetti aux mêmes charges que les autres citoyens.

Quoique la loi n'ait point ajouté à l'expression des années, les mots *accomplies* ou *révolues*, comme le faisaient celle de 1824 et les articles 144, 384, 388 du

Code civil, on pense qu'ils doivent être suppléés, et que cet article doit être entendu de la même manière que le 9 de la loi du 22 mars 1831 sur la garde nationale.

Membres..... de la famille. Cette expression a été, avec beaucoup de raison, substituée à celle de *fils vivant avec lui*, employée par la loi de 1824, et comprend tous les parens ou alliés, tels que fils, frères, gendres, oncles, neveux et autres parens qui habitent avec le chef de famille et qui ne seraient point portés personnellement au rôle, parce qu'ils ne paieraient point de contributions directes, ou parce qu'ils ne seraient point eux-mêmes chefs de famille ou d'établissement.

Serviteurs. Cette expression est aussi beaucoup plus étendue que celle de *domestiques*, insérée dans l'ancienne loi, et comprend non seulement les individus à gages ou à traitement annuel ou mensuel, qui sont attachés au service de la personne du maître, de sa maison, de sa ferme ou de son exploitation, mais encore les secrétaires, précepteurs, régisseurs, hommes d'affaires ou intendans; et chez les artisans, les compagnons et apprentis, qui ne travaillent pas seulement à la journée ou à la pièce.

« On appelle serviteurs (dit Pothier, *Traité des* « *Obligations, n° 793*), des gens que nous avons à nos « gages pour nous rendre tous les services que nous « leur commandons, quoiqu'ils soient préposés prin- « cipalement à une certaine espèce de services. On « peut être ainsi serviteur sans être domestique : tels « sont un jardinier, un garde-chasse, qui ne sont pas « proprement domestiques, puisqu'ils ne demeurent « pas avec le maître et ne sont pas à sa table; mais ils « sont ses serviteurs, puisqu'il les a à ses ordres et

« qu'il peut leur commander de lui rendre tous les
« services auxquels ils peuvent être propres; en cela,
« ces personnes diffèrent de celles avec qui nous avons
« un marché pour nous faire un certain ouvrage pour
« une certaine somme, tels sont nos vignerons; ceux-
« ci ne sont pas proprement nos serviteurs, et nous
« n'avons pas droit de leur commander ni d'exiger
« d'eux autre chose que l'ouvrage qu'ils sont obligés
« de faire. »

« On appelle domestiques, les personnes qui de-
« meurent en notre maison et mangent notre pain,
« soit que ces personnes soient en même temps nos
« serviteurs, tels que sont des laquais, des cochers,
« cuisiniers, valets de chambre, maîtres d'hôtel, etc.,
« soit que ces personnes ne soient pas proprement des
« serviteurs, pourvu que nous ayons néanmoins sur
« eux quelqu'autorité, tels que sont des apprentis,
« des clercs de procureur, etc. »

Même définition dans le droit civil de Toullier, t.
IX, n° 314.

Un simple ouvrier à la journée, quoique travaillant
du matin au soir, et les domestiques femelles ne doivent
être ni compris dans le rôle, ni servir à déterminer le
nombre des journées qui doivent être mises à la charge
du maître pour lequel ils travaillent.

Résidant dans la commune. Cette condition qui
s'étend non-seulement au chef de famille ou d'établissement, mais encore à chaque individu à raison duquel ce chef doit être imposé, est essentielle et la première de toutes, en ce que l'obligation de réparer un
chemin ne peut être que le corrélatif de l'usage qu'on
en fait. Le mot *résidant* vaut beaucoup mieux que
ceux *vivant avec lui* que renfermait la loi de 1824 et

qui avaient d'ailleurs l'inconvénient de ne s'appliquer
qu'aux fils et non aux domestiques.

Pour chacune des charrettes ou voitures. La loi de
1824 ne parloit que de *charrettes,* et d'un autre côté
n'attachait la signification *de luxe* qu'aux chevaux, d'où
on pourrait induire que les voitures de luxe étaient
exemptes. Aujourd'hui la même difficulté ne peut plus
s'élever ; toutes espèces de voitures, quelle qu'en soit
la dénomination, l'usage et la destination, les diligences,
calèches, berlines, cabriolets, etc..., doivent être
soumises à la prestation, ou plutôt, comme nous l'avons
déjà dit relativement aux personnes, prises en considération pour la fixation de sa quotité ; car le maître devra substituer à sa voiture de luxe une voiture plus
appropriée au service exigé.

Attelées. Ce mot a été substitué avec raison à ceux
en sa possession, employés dans l'ancienne loi, et rentre
bien mieux dans l'intention du législateur, sur laquelle
on ne s'était cependant pas mépris, même avec l'expression trop vague dont il s'était servi. Ainsi, bien
qu'un individu puisse avoir, comme il arrive assez souvent, une voiture sans chevaux ou plusieurs voitures
avec un seul cheval, il ne devra aucune prestation au
premier cas et seulement une au second ; ainsi encore,
le charron et l'ouvrier qui fabriquent des voitures ou
qui en tiennent en magasin, ne peuvent être assujettis
à aucune prestation pour ces voitures qui ne sont point
attelées et qui d'ailleurs font l'objet d'un commerce
particulier.

Par la même raison, celui qui n'ayant qu'une charrette ou voiture, aurait plusieurs chevaux propres à la
conduire, serait censé avoir autant de charrettes attelées
qu'il aurait de bêtes de trait, et il devrait retourner

autant de fois sur le chemin avec sa charrette qu'il aurait de chevaux, sans pouvoir envoyer une fois seulement sa voiture et en même temps ses autres chevaux
sans harnais. C'est ainsi que le décide M. Proudhon,
Traité du domaine public, n° 511.

*Et en outre pour chacune des bêtes de somme, de
trait, de selle.* Cette rédaction plus simple que l'ancienne qui portait : « Chaque bête de trait ou de somme,
« chaque cheval de selle ou d'attelage de luxe », est
aussi étendue et aussi complète, quoique plus brève.

Par bêtes de somme, de trait, de selle, on doit entendre non seulement les chevaux, mais encore les
mulets, bœufs, ânes et même les vaches dans les pays
où on les attèle aux voitures ou à la charrue.

Nous pensons avec M. Garnier (*Traité des chemins,*
pag. 368), que les étalons, jumens et poulains non at-
telés, ainsi que les bêtes de trait ou de somme, objets
d'un commerce ou destinés à la consommation ou à la
reproduction, lorsqu'ils ne sont pas encore livrés à un
service ou ont cessé d'y être employés, ne peuvent être
atteints par la prestation. Mais si cette destination pour
le commerce, la consommation ou la reproduction
n'est point absolue; si le possesseur en retire en même
temps un service de la nature de ceux que la loi a en
vue, la prestation sera due dans la proportion du service qu'il en retirera. (*Instructions ministérielles du*
mois d'octobre 1824, *et du* 24 *juin* 1836, *art.* 3 *à la fin*)

Les animaux employés au halage des bâteaux, au
transport du minerai, du charbon, du bois et des matériaux dans les usines, et à l'exploitation des établissemens industriels, sont assujettis en général à la prestation
comme les autres. Cependant lorsqu'elle est trop onéreuse, les imposés peuvent obtenir un dégrèvement qui

est prononcé par le Conseil de Préfecture ; et de son côté, le Conseil municipal, en vertu du pouvoir discrétionnaire qui lui est laissé à cet égard par ces expressions : *pourra être appelé à fournir*, a le droit de répartir la charge d'une manière équitable.

Au service de la famille ou de l'établissement dans la commune. Ces expressions complètent la disposition relative aux voitures et aux animaux et confirment ce qui résulte du surplus de la loi, que la prestation est tout à la fois personnelle et réelle, c'est-à-dire établie en considération tant des personnes qui usent des chemins que des propriétés qui sont desservies par leur moyen et qui en reçoivent une augmentation de valeur.

Cet article fait naître la question de savoir si celui qui va travailler sur le chemin avec sa voiture et ses chevaux satisfait tout à la fois à la dette personnelle de sa journée de travail et à la charge de journées imposée à raison de son attelage.

M. Proudhon (n° 513, *Traité du Domaine public*) se prononce pour la négative, en disant qu'il y a ici deux dettes principales et très-distinctes qui doivent s'acquitter de deux manières différentes, et que l'homme qui conduit sa voiture n'est en quelque sorte que l'accessoire de celle-ci et ne satisfait point à l'obligation qui lui est imposée en sa qualité d'habitant, indépendamment de la possession d'un attelage.

Malgré le respect que nous professons pour notre savant maître, et malgré le désir que nous aurions de voir multiplier les moyens évidemment insuffisans de réparation des chemins, nous ne saurions partager cette opinion qui n'est pas admise non plus par M. Garnier (*Traité des Chemins*, page 367).

La cote de chaque individu est fixée à un certain

nombre de jours de travail. Lorsqu'il les emploie d'une manière utile, n'importe à quel genre d'ouvrage, il remplit son obligation et ne peut être tenu à l'acquittement d'une seconde dette. Le conducteur d'une voiture en est l'accessoire si l'on veut, mais il n'en fait pas moins un travail personnel; la voiture peut bien, dans le même sens, être considérée comme l'accessoire du cheval qui la conduit, ou *vice versâ* le cheval comme l'accessoire nécessaire de la voiture, et cependant on ne pourrait soutenir que le possesseur d'un charrette attelée devrait une double prestation, d'abord à raison de la charrette elle-même, la bête de trait n'étant considérée que comme accessoire, et ensuite à raison de l'animal, la voiture ne devant être regardée, dans cette seconde hypothèse, que comme moyen d'utiliser le cheval; et cependant les termes de la loi paraîtraient se prêter, beaucoup mieux pour ce cas que pour celui qui nous occupe, à l'interprétation que nous repoussons.

Une autre raison décisive, c'est que les prestations devant être fournies en même temps par tous les habitans, le possesseur d'un attelage, qui serait seul pour le conduire, serait obligé de faire seul et après tous les autres sa corvée personnelle, puisque les journées qu'il aurait passées avec les autres habitans rentreraient dans l'acquittement de la dette à raison du cheval et de la voiture.

Une réflexion qui s'applique à l'article 2 en général, c'est que la prestation en nature constituant une charge personnelle fort onéreuse et qui ne peut être répartie que d'une manière très-inégale, elle doit être plutôt restreinte qu'étendue; en sorte que toutes les fois qu'il peut y avoir doute dans l'application de ses dispositions, ce doute doit être levé en faveur de la personne soumise à la prestation.

ARTICLE IV.

« La prestation sera appréciée en argent, confor-
« mément à la valeur qui aura été attribuée annuelle-
« ment pour la commune à chaque espèce de journée
« par le conseil général, sur les propositions des
« conseils d'arrondissement.
« La prestation pourra être acquittée en nature ou
« en argent, au gré du contribuable. Toutes les fois
« que le contribuable n'aura pas opté dans les délais
« prescrits, la prestation sera de droit exigible en ar-
« gent. La prestation, non rachetée en argent, pourra
« être convertie en tâches, d'après les bases et évalua-
« tions de travaux préalablement fixées par le conseil
« municipal. »

La prestation sera appréciée en argent.... par le Conseil général sur les propositions, etc. Il y a ici innovation à la loi de 1824, dont l'art. 5 chargeait les Conseils municipaux de fixer le taux de la conversion des prestations en nature. Actuellement l'appréciation en argent sera faite par le Conseil général sur les propositions des Conseils d'arrondissemens.

Cette appréciation devra être faite aux termes de la loi, *annuellement,* c'est-à-dire par chaque année, à raison de ce que le prix du travail peut changer; *par commune,* le prix de la main-d'œuvre devant nécessairement varier selon les localités, la population, le genre de culture ou d'industrie, et *pour chaque espèce de journée* soit d'hommes, soit de voitures ou d'animaux.

Quoique la loi ne parle pas des Conseils municipaux
il sera difficile de faire l'appréciation sans les consulter,
puisqu'aucune autorité n'est mieux à même que celle-
là de connaître les circonstances locales qui doivent
servir à déterminer le prix de la journée. Leur délibération ne fera pas loi comme précédemment; elle
sera seulement consultée par les Conseils d'arrondissement chargés de faire la proposition et par les Conseils
généraux investis du droit d'appréciation.

Au reste, et comme l'indique la circulaire ministérielle du 24 juin 1836, « la loi ne prescrit pas qu'il
« n'y ait qu'un seul tarif pour tout le département,
« pas plus qu'elle n'entend qu'il y ait un tarif spécial
« pour chaque commune. Le Conseil général appré-
« ciera dans sa sagesse les propositions que feront à
« cet égard les Conseils d'arrondissement, et il décidera
« si les tarifs doivent être arrêtés soit pour une cer-
« taine étendue de territoire, soit pour certaines ca-
« tégories de communes, d'après l'importance de leur
« population ou le plus ou moins d'aisance de cette
« population. »

La prestation pourra être acquittée.... Cette disposition est semblable à celle finale de l'art. 2 de la
loi de 1824; elle est seulement plus complète. D'après
l'ancienne loi l'obligation était entièrement alternative,
tandis que d'après la nouvelle la dette principale est la
prestation en argent, dont le contribuable peut s'affranchir par la prestation en nature.

Après le délai fixé pour l'option du contribuable,
la dette en argent pourra bien être de nouveau convertie en tâches; mais c'est un droit au profit de la
commune et qui n'est pas réciproque, c'est-à-dire que

le contribuable ne pourra pas offrir de faire la tâche
au lieu de payer en argent.

En disant que ces tâches auront lieu d'après les
bases et évaluations de travaux préalablement fixées
par le Conseil municipal, la loi semble avoir établi
une contradiction avec le § Ier de l'article qui laisse
l'appréciation de la prestation au Conseil général.

Il semblerait, au premier coup d'œil, que cette
appréciation devrait être la seule base pour la conversion, soit de la prestation en nature en argent, soit
vice versâ.

La contradiction n'est qu'apparente à raison de ce
que la dette en argent doit se convertir, non plus en
journées de travail mais en tâches, c'est-à-dire en une
certaine quantité de travaux déterminés et évalués,
non plus par le temps, mais en mètres ou en bloc;
ainsi les Conseils municipaux évalueront chaque mètre
de pierres cassées ou transportées de telle à telle distance, à *tant*, et le contribuable en retard de payer
sera obligé de casser ou de transporter une certaine
quantité de ces mètres jusqu'à concurrence de la
somme qu'il doit. On sent alors qu'une semblable
évaluation ne peut être faite que pour chaque localité
et conséquemment par le Conseil municipal.

Le délai dans lequel le contribuable sera tenu d'opter
pour la prestation des journées n'est point fixé par la
loi et le sera par le réglement que le Préfet devra
faire, dans le délai d'un an, aux termes de l'art. 21
ci-après.

Lorsque la loi a été portée de la Chambre des Députés à celle des Pairs, l'article que nous examinons
disait que la prestation ne serait jamais employée
hors du territoire de la commune à moins d'une offre ·

spéciale du Conseil municipal; mais cette disposition a
été rejetée par cette dernière Chambre comme s'ac-
cordant mal avec les articles 1 et 6 qui veulent que les
dépenses à la charge de chaque commune soient en
proportion de l'usage qu'elle fait du chemin et de
l'intérêt qu'elle a à son entretien; ainsi le Préfet peut,
selon les circonstances dont il est seul appréciateur,
obliger une commune à exécuter des travaux, même
en dehors de son territoire et sur celui d'une autre
commune.

Bien que la loi de 1824 portât, comme celle de
1836, que la prestation en argent ou en nature serait
au choix des contribuables, M. Proudhon (n° 505)
décide que cette option cesserait d'avoir lieu si, en
exécution d'une délibération du Conseil municipal,
homologuée par le Préfet, les travaux du chemin devaient être exécutés par un entrepreneur; qu'alors
le droit d'option de quelques particuliers ne devrait
point l'emporter sur l'intérêt général de la commune.

Nous ne saurions partager cette opinion en présence
des termes précis de notre article : « La prestation pourra
être acquittée en nature ou en argent, *au gré du contribuable.* » Ici la volonté de l'individu agit isolément et
n'est point subordonnée à celle de la majorité, comme
lorsqu'il y a délibération d'un corps ou d'une assem-
blée. Si le Conseil municipal pense qu'il est de l'intérêt de la commune que les travaux soient exécutés
par un entrepreneur, il pourra voter des centimes additionnels ; mais s'il opte pour la prestation en nature,
il devra en user telle qu'elle est et en respectant le
droit d'option qui appartient à chaque habitant. Les
bases de la répartition de la prestation ou des 5 centimes
étant essentiellement différentes, il faut qu'il choisisse

l'un ou l'autre mode avec ses inconvéniens et ses
avantages, mais sans pouvoir appliquer à l'un le genre
d'exécution qui n'appartient qu'à l'autre. Ainsi il ne
pourra pas plus convertir, directement et tout d'abord,
en argent la prestation en nature, qu'il ne pourrait
faire payer en journées d'hommes et de chevaux les
5 centimes qu'il a la faculté de voter.

M. le Ministre proscrit avec raison, page 29 de sa
circulaire, le mode suivi dans quelques départemens
de mettre en adjudication les travaux à faire sur un
chemin vicinal, en conférant à l'adjudicataire le droit
d'employer les prestations en nature qui lui sont alors
précomptées pour une valeur déterminée. Ainsi qu'il
le remarque, ce mode est aussi contraire à l'esprit de
la loi qu'aux institutions libérales qui nous régissent ;
à moins d'une convention personnelle, le citoyen ne
doit obéir qu'à la loi et aux magistrats institués pour la
faire exécuter ; il ne peut être livré à la discrétion d'un
adjudicataire porté par son intérêt à commettre des
vexations et des abus.

Si l'article qui nous occupe est plus complet, sous le
rapport de la fixation des bases, que les articles 2 et
5 de la loi de 1824 qu'il remplace, il l'est beaucoup
moins quant aux voies d'exécution, puisque nous n'y
trouvons aucune disposition relative au mode de recouvrement, au dégrèvement, à l'autorité chargée de prononcer sur le recours que les habitans peuvent avoir à
exercer. Il est facile de remplir cette lacune à l'aide
des principes généraux, des dispositions des lois antérieures, et spécialement de celle de 1824, qui, comme
nous l'avons déjà dit, reste en vigueur dans tous les
points auxquels il n'a pas été dérogé : c'est ce qu'a
reconnu formellement M. le Ministre de l'Intérieur,

dans sa circulaire du 24 juin 1836. (Art. 2, à la fin, page 18.)

Ainsi, 1° le Conseil municipal devra dresser un rôle portant le nom de tous les habitans soumis à la prestation, avec l'énonciation des journées de travail dues par chacun d'eux et par les personnes, voitures et chevaux pour lesquels ils doivent être imposés d'après l'art. 3, ainsi que l'estimation en argent de chacune de ces prestations, d'après le taux fixé par le Conseil général. Ce rôle sera ensuite rendu exécutoire par le Préfet et mis en recouvrement forcé comme pour les contributions directes.

2° Indépendamment de la voie des garnisaires et des contraintes pour parvenir au recouvrement de l'évaluation de la prestation, le maire peut prendre un arrêté pour faire traduire les négligens ou refusans au tribunal de simple police, à l'effet d'y être condamnés à l'exécution de leur tâche et à l'amende d'un franc à cinq francs, prononcée par l'art. 471, n° 15 du Code pénal. Cette mesure a été reconnue applicable au refusant ou au retardataire, par un arrêt de la Cour de cassation, du 24 décembre 1813, rapporté dans le Rép. de jurisp., V° Voirie, n° 10.

3° Les réclamations que les habitans pourront avoir à former soit contre les décisions du Préfet, qui les obligeraient à travailler sur le territoire d'une commune trop éloignée, ou dans une plus grande proportion que celle qu'ils devraient réellement supporter, soit contre leur inscription au rôle, ou contre celle d'un trop grand nombre de chevaux et de voitures, soit à raison de ce qu'on aurait rejeté les motifs d'exemption qu'ils prétendraient avoir; toutes ces réclamations, disons-nous, devront être portées

devant le Conseil de préfecture, en premier ressort,
et par appel au Conseil d'Etat. Telle est en effet la
marche tracée par la disposition non abrogée de l'art. 5
de la loi de 1824, portant que l'on suivra pour les
prestations le même mode de recouvrement que pour
les contributions directes.

4° Les demandes en dégrèvement devront être soumises au Conseil de préfecture dans les trois mois de
la publication des rôles. Elles pourront être formées
sur papier libre, ainsi que l'indiquent les mots *sans
frais*, de l'art. 5 de la loi de 1824. (*Instr. minist. du*
24 juin 1836, *art.* 4, *p.* 35.)

Nous ne terminerons pas ce que nous avons à dire
sur cet article sans émettre le vœu, que les Conseils
municipaux choisissent l'imposition de centimes additionnels plutôt que la prestation; et que dans le cas
où ils seraient obligés de recourir à cette dernière,
ils s'efforcent, par une faible évaluation du prix de la
journée, d'obtenir la valeur en argent, de préférence
à la prestation en nature.

Comme nous l'avons déjà dit, la charge sera d'autant
moins lourde pour chacun, qu'elle sera répartie sur
un plus grand nombre de personnes; et elle sera d'autant plus juste qu'elle sera distribuée proportionnellement aux facultés et à la fortune de chaque contribuable.

D'un autre côté, les travaux exécutés par des habitans réunis en grand nombre, non habitués à travailler
ensemble et au même genre d'ouvrage, apportant, il
faut le dire, toute la mauvaise volonté qu'ils mettent
à faire une besogne dont ils ne seront pas payés et
dont ils ne savent pas d'ailleurs assez apprécier l'importance, seront toujours mal faits et, avec une dé-

pense de temps considérable, ne produiront que peu de résultats pour l'amélioration des chemins. Dix ouvriers, recevant un salaire, bien dirigés et surveillés, feront plus de travail utile que cent corvéables indisciplinés, manquant d'intelligence et d'habitude, et travaillant à contre-cœur. Faute d'éducation sans doute, les habitans des campagnes n'ont d'autre mobile que leur intérêt particulier, actuel et immédiat; comme le sauvage, ils couperaient l'arbre par le pied pour en cueillir le fruit.

En ce qui concerne la forme des rôles de prestations, la manière dont ils doivent être publiés et recouvrés, les remises à allouer aux percepteurs, voyez la circulaire de 1836, déjà plusieurs fois rappelée (*p.* 30 *et suiv.*)

ARTICLE V.

« Si le conseil municipal, mis en demeure, n'a pas « voté dans la session désignée à cet effet les presta« tions et centimes nécessaires, ou si la commune n'en « a point fait emploi dans les délais prescrits, le Pré« fet pourra d'office, soit imposer la commune dans « les limites du maximum, soit faire exécuter les tra« vaux. Chaque année, le Préfet communiquera au « conseil général l'état des impositions établies d'office « en vertu du présent article. »

Cette disposition est sans contredit la plus importante de la loi nouvelle : c'est celle qui la différencie principalement de la législation précédente et qui lui donne une supériorité marquée. Il ne suffisait pas en effet de remédier à l'apathie ou à la mauvaise volonté

des individus; il fallait encore vaincre celle des administrations communales, sans le concours desquelles la
loi demeure impuissante et son action nulle. — Jusqu'à
ce jour, le législateur n'avait investi l'autorité supérieure
d'aucun moyen de faire exécuter ses prescriptions :
aussi n'amenaient-elles aucun résultat. L'article que
nous examinons a comblé cette lacune; mais pour qu'il
puisse atteindre complètement le but proposé, il faudrait que les préfets, qui ne peuvent tout voir par
eux-mêmes, ne s'en rapportassent pas exclusivement
aux autorités locales pour s'assurer que les communes
ont fait emploi des prestations et centimes nécessaires.
Il conviendrait qu'en adoptant l'institution établie par
l'article 10 de l'arrêté du Préfet de la Côte-d'Or, du
20 mai 1825 (*n° 17 du Recueil des actes administratifs de cette année*), ils créassent dans chaque canton une commission d'inspection, composée des principaux propriétaires, habitans ou forains les plus intéressés au rétablissement et au bon entretien des chemins. Ces commissaires, qui seraient chargés de visiter
les différens chemins de leur canton, d'indiquer les
travaux à y faire, d'en surveiller l'exécution et de donner de l'ensemble aux réparations, adresseraient pé-
riodiquement à la préfecture des rapports et avis dé-
taillés sur les divers objets de leur mission.

C'est à des institutions analogues que des pays voisins doivent en grande partie l'excellent état dans lequel se trouvent leurs voies de communication. En Angleterre, chaque paroisse nomme tous les ans un ou
plusieurs surveillans (*surveyors*), chargés de tout ce
qui concerne les chemins communaux et vicinaux; en
Suisse, les propriétaires les plus riches se font un point
d'honneur de remplir avec un zèle digne d'éloge les

fonctions de voyer gratuit dans chaque village. Ces espèces d'inspecteurs s'efforcent de rendre les chemins
dont la direction leur est confiée, plus parfaits que
ceux de leurs collègues. Il s'établit ainsi une heureuse
émulation qui tourne au profit de tous, et qu'il serait
utile de faire naître dans nos campagnes.

A défaut d'administrations cantonnales qui remplace-
raient avec beaucoup d'avantages nos administrations
communales trop nombreuses et toujours dominées par
un esprit étroit de localité, il est nécessaire de centraliser, autant que possible, par canton, le pouvoir
chargé de la surveillance et de la direction des chemins vicinaux; si on l'a abandonné aux seules autorités
locales, mille circonstances en paralyseront l'action
ou en anéantiront l'effet; comme le disait M. le Président du Conseil, à la séance de la chambre des Pairs,
du 29 avril : « La vie communale est presque l'inertie
« de la mort. »

La mise en demeure dont parle notre article émа-
nera du Préfet, qui, dans le réglement exigé par
l'article 21, en prescrira la forme et déterminera, soit
les délais après lesquels il fera lui-même exécuter les
travaux, soit la manière dont ces travaux seront
exécutés.

Lorsque le Préfet, qui peut user des mêmes ressources que le Conseil municipal, c'est-à-dire employer
la prestation en nature ou recourir aux centimes additionnels, optera pour cette dernière contribution, son
travail sera très simple; il lui suffira de charger, par
un arrêté, le directeur des contributions directes d'établir sur la commune un rôle de *tant* de centimes par
franc, de rendre ensuite ce rôle exécutoire, et d'en
faire faire la perception dans la forme accoutumée.

La marche sera plus compliquée s'il croit devoir employer la prestation en nature dont il devra cependant
faire usage lorsqu'il s'apercevra que le Conseil municipal
a refusé de voter, dans le but de décharger les habitans
pour grever les forains ; alors, après avoir pris l'arrêté
qui frappera la commune d'une imposition d'office de
tant de journées de prestation en nature, et avoir notifié cet arrêté au Maire, il chargera le receveur municipal de rédiger le rôle comme s'il s'agissait de prestations votées : il le rendra ensuite exécutoire par un
second arrêté, le fera publier dans la commune, en
prévenant les habitans qu'il leur est accordé un délai
de *tant* de jours pour déclarer au receveur municipal
leur option de s'acquitter en nature ou en argent. Ce
délai expiré, toutes les cotes pour lesquelles il n'aurait
pas été fait d'option, seront de droit exigibles en argent. Il fixera en même temps les époques auxquelles
devront être employées les cotes que les contribuables
auraient déclaré vouloir acquitter en nature; et si ce
délai est encore dépassé, les cotes seront également
exigibles en argent, et le recouvrement en sera poursuivi par les voies de droit, pour le montant en être
employé au paiement des travaux qui seront exécutés.

Au reste, le Préfet aura à faire usage du droit que
lui confère l'art. 5, non-seulement lorsque les communes ne voteront aucune prestation ou aucuns centimes ou n'en feront pas emploi, mais encore lorsqu'elles
ne feront qu'un vote insuffisant ou un emploi incomplet ; et cette insuffisance ne sera pas seulement considérée par rapport aux chemins vicinaux ordinaires,
mais aussi relativement aux chemins de grande communication, dont la dépense, suivant l'article 8, sera
prise sur deux des trois journées de travail et sur les
deux tiers des centimes additionnels.

ARTICLE VI.

« Lorsqu'un chemin vicinal intéressera plusieurs
« communes, le Préfet, sur l'avis des conseils munici-
« paux, désignera les communes qui devront concou-
« rir à sa construction ou à son entretien, et fixera la
« proportion dans laquelle chacune d'elles y contri-
« buera. »

Cet article, qui s'applique au plus grand nombre
des chemins vicinaux, et, on pourrait même dire, aux
seuls qui auraient dû conserver cette dénomination,
est très mal placé à la fin de la section 1re, qui ne contient que des règles communes aux trois espèces de
chemins reconnus par la législation nouvelle. Comme
les dispositions relatives aux voies de grande communication, celle qui nous occupe aurait dû former à elle
seule une section et constituer une des grandes divisions de la loi.

Quoiqu'au premier coup-d'œil cet article paraisse
renfermer les mêmes règles que l'article 9 de la loi
de 1824, il en diffère essentiellement par son esprit et
par quelques détails.

D'après la loi ancienne, le Préfet, en conseil de
préfecture, était seulement constitué juge entre deux
communes discordantes, soit sur la nécessité de réparer le chemin, soit sur la quotité de la part pour laquelle chacune devait contribuer aux frais de réparation. Mais, comme dans tous les autres cas, il n'avait
pas la voie d'action, et ne pouvait donner l'impulsion
aux Conseils municipaux ; en sorte que si deux ou plusieurs communes, comme cela arrivait presque tou-

jours, s'entendaient pour ne rien faire, l'espèce de juridiction qui lui était conférée n'aboutissait à rien et ne
tendait pas à l'amélioration du chemin. D'ailleurs
chaque commune étant tenue, aux termes de l'art.
1er de cette loi, à la réparation de tous les chemins situés sur son territoire, il en résultait une véritable
injustice qui empêchait l'exécution de la loi, en ce
que très rarement la dépense à sa charge était en
rapport avec l'utilité qu'elle retirait du chemin. Il ne
pouvait y avoir aussi aucune unité dans un travail fait
partiellement par des intéressés dont les ressources
applicables aux travaux pouvaient être très différentes.

Aujourd'hui, d'après le droit d'administration directe, qu'il est dans l'esprit de la loi nouvelle d'accorder   Préfet sur tous les chemins vicinaux, ce magistrat ne jugera plus seulement, il agira de son propre
mouvement, il désignera les communes qui devront
concourir à la construction, à l'entretien du chemin,
et fixera la proportion de la contribution pour chacune.
Toutefois il devra prendre l'avis des Conseils municipaux, mais il n'aura pas besoin de mettre les communes
en demeure; il devient alors leur administrateur di-
rect et immédiat.

Au reste, les moyens qu'il emploiera pour parvenir
à l'exécution de son arrêté devront être pris dans les
limites du *maximum* et en déduction de la prestation
de trois journées et des 5 centimes, conformément
à l'article 5 qui précède. Les contributions de chaque
commune, soit en nature, soit en argent, seront mises
en masse et formeront un fonds commun qui sera
réparti sur la totalité de la ligne, non plus pour
chaque territoire proportionnellement à la quotité qu'il
aura fournie, mais eu égard seulement aux besoins de

réparation. La loi a organisé, en la soumettant entièrement au principe de la communication des avantages et des charges, l'espèce d'association trop incomplète qu'avait déjà créée l'article 9 de la loi de 1824.

L'exercice du pouvoir conféré aux Préfets par notre
article, présentera souvent, en fait, d'assez grandes
difficultés, puisqu'il faudra combiner différens élémens
difficiles à connaître exactement et à apprécier avec
justesse.

L'intérêt personnel étant le meilleur garant de l'exécution de la loi, il conviendra de mettre, autant que
possible, à la charge de chaque commune, même pour
la partie située sur un autre territoire, l'entretien du
chemin qui lui sera d'une grande utilité et qu'elle fré-
quentera plus que la commune dans l'enclave de laquelle il se trouve. Cette manière d'agir nous paraît
être autant dans l'esprit de la loi nouvelle et aussi
favorable à son exécution que conforme à la justice.

Les Préfets, comme l'instruction ministérielle d'octobre 1824 le leur recommandait, feront bien, avant de
statuer, d'envoyer sur les lieux des ingénieurs ou d'autres
hommes de l'art lorsqu'il y aura doute, incertitude, ou
une trop grande résistance qui suppose presque toujours des motifs plus ou moins fondés ; l'avis des
commissaires inspecteurs, dont nous proposons la création, pourra être aussi d'un grand poids et d'un grand secours en pareille circonstance. Les premières décisions
à rendre à ce sujet devant servir dans la suite de bases
en quelque sorte permanentes, il sera nécessaire qu'elles
soient d'autant mieux motivées et qu'elles soient surtou
précédées de recherches attentives et d'informations
exactes.

Notre article ne parlant plus des Conseils de pré-

fecture, il en résulte que le Préfet agira seul et qu'il
n'y aura lieu de recourir à ces conseils et ensuite
au Conseil d'état, que dans le cas de réclamations
contre sa décision. L'avis qu'il devra prendre avant de
statuer émanera seulement des Conseils municipaux,
sans l'assistance des plus imposés.

On doit se féliciter, dans la loi nouvelle, de l'élimination des plus imposés qui ne formaient, comme
nous l'avons déjà laissé pressentir, qu'une entrave sans
aucune utilité réelle, dans presque toutes les communes rurales de France.

L'article 9 de la loi de 1824 avait donné lieu à une
difficulté qui n'a pas été résolue par la disposition que
nous examinons. Il s'agit du cas où les diverses communes intéressées à un même chemin se trouvent situées dans deux départemens différens : quelle sera
alors l'autorité chargée de désigner les communes qui
devront concourir à la construction ou à l'entretien de
ce chemin, et de fixer la proportion de la contribution ?

Le Ministre de l'Intérieur, auquel une explication
avait été demandée à ce sujet en 1824, à la Chambre
des Pairs, déclara que ce cas présentait une difficulté
réelle; néanmoins aucune solution ne fut donnée. Il
nous semble que les Préfets devront s'entendre pour
terminer par voie de conciliation, des difficultés qu'un
seul d'entre eux n'aurait point qualité pour ré-
soudre; s'ils ne pouvaient arriver à s'accorder, ce serait
à l'autorité supérieure, c'est-à-dire au Ministre, à prononcer, sauf le recours au Conseil d'état.

Bien qu'aux termes de l'article 6, le chemin qui
intéresse plusieurs communes soit véritablement commun et en quelque sorte indivis entre elles, ce principe

n'est vrai que par rapport à l'usage qu'elles en font et aux frais de construction et de réparation qu'elles doivent supporter. Mais le sol même du chemin ne cesse point d'appartenir à la commune dans le territoire de laquelle il est compris ; et de là résultent deux conséquences importantes : la première, c'est qu'en cas de déclassement et de suppression, le sol du chemin doit être vendu au profit de la commune du lieu de sa situation, conformément à l'article 19 ci-après ; et la seconde, c'est que lors de l'ouverture ou du rélargissement d'un semblable chemin, les terrains nécessaires doivent être achetés aux frais de la commune, pour la partie qui traverse son territoire, sans contribution de la part des autres. C'est par application de ces règles que, dans sa circulaire du 24 juin 1836, M. le Ministre de l'intérieur décide, page 56, relativement aux chemins de grande communication, que si « pour acquisition de terrains, quelques indemnités « étaient à payer, ce serait aux communes à y pourvoir, « et que jamais les fonds départementaux ne doivent « être appliqués à l'achat des terrains qui restent la « propriété des communes. »

SECTION II.

CHEMINS VICINAUX DE GRANDE COMMUNICATION.

────────

ARTICLE VII.

« Les chemins vicinaux peuvent, selon leur impor
« tance, être déclarés vicinaux de grande communica
« tion par le conseil général, sur l'avis des conseils

« municipaux, des conseils d'arrondissement, et sur
« la proposition du Préfet. Sur les mêmes avis et pro-
« position, le conseil général détermine la direction
« de chaque chemin vicinal de grande communication,
« et désigne les communes qui doivent contribuer à sa
« construction ou à son entretien.

    « Le Préfet fixe la largeur et les limites du chemin,
« et détermine annuellement la proportion dans la-
« quelle chaque commune doit concourir à l'entretien
« de la ligne vicinale dont elle dépend; il statue sur
« les offres faites par les particuliers, associations de
« particuliers ou de communes. »

Cette disposition constitue une des plus importantes
innovations de la loi et rentre, quoique d'une manière
trop incomplète, dans l'idée que nous aurions voulu
voir adopter, de mettre à la charge de l'état tous les
chemins vicinaux utiles.

La dénomination de *Chemins cantonnaux* nous aurait
paru préférable à celle adoptée par le législateur et se
serait mieux placée dans la classification générale des
voies de communication.

Les deux alinéas de l'article distinguent et énumèrent
avec clarté les attributions respectives des Conseils
généraux et des Préfets.

Les premiers sont chargés : 1° de déclarer les chemins qui doivent être rangés dans cette catégorie ; 2° de
déterminer leur direction ; 3° et de désigner les communes qui doivent contribuer à leur construction et
à leur entretien ; tandis qu'aux seconds appartiennent :
1° la proposition d'établissement et de direction de
ces chemins; 2° la fixation, lorsqu'ils sont classés,
de leur largeur et de leurs limites; 3° le réglement
de la proportion dans laquelle chaque commune doit

concourir à l'entretien de la ligne vicinale ; 4° et l'appréciation des offres faites par les particuliers, associations ou communes.

Les Conseils généraux ne peuvent statuer sur les objets de leur compétence que d'après l'avis des Conseils municipaux, des Conseils d'arrondissemens et sur la proposition du Préfet. Quoique nécessaire, l'avis des Conseils municipaux et d'arrondissemens ne liera pas les Conseils généraux qui pourront seulement y puiser des lumières et des motifs de décision. Il en sera différemment de la proposition des Préfets, contrairement à laquelle nous pensons que le Conseil général ne pourra statuer ; cette proposition devra être rejetée ou suivie, mais non suppléée ; son absence paralysera l'action du Conseil. Mais les décisions des Conseils généraux sont à l'abri de tout recours, le Ministre n'exerçant à leur égard aucun droit de réformation, si ce n'est dans les cas prévus par les articles 14, 15, 16 et 17 de la loi du 22 juin 1833, qui les organise.

Pour qu'un chemin puisse être déclaré *de grande communication*, il faut, aux termes précis de la loi, qu'il ait été classé préalablement par un arrêté du Préfet au nombre des chemins vicinaux ordinaires. La proposition que le Préfet doit faire au Conseil général ne remplacerait point ce préliminaire, parce que les décisions des Conseils généraux étant, comme on vient de le dire, à l'abri de toute réformation, soit devant le Ministre, soit devant le Conseil d'état, il faut cependant que les habitans ou les communes aient un recours, et alors c'est contre l'arrêté du Préfet, antérieur à sa proposition, qu'ils pourront l'exercer.

Dans la disposition qui règle les attributions du Préfet et qui lui confère un pouvoir très-étendu, no-

tamment celui de déterminer la largeur du chemin
ainsi que la proportion de la contribution de la dépense, il n'est point parlé, comme dans l'article 6 et
dans le § Ier du présent article, de l'avis préalable des
Conseils municipaux. Doit-on induire de là que le Préfet
peut se dispenser de les consulter? Non : l'article 6 qui
prescrit l'avis des Conseils municipaux est ici applicable d'après la disposition formelle de l'article 9.

Il est peut-être fâcheux que la fixation de la proportion dans laquelle chaque commune doit concourir à
l'entretien de la ligne vicinale n'ait point été laissée au
Conseil général déjà chargé de la répartition de l'impôt
entre les différens arrondissemens, et qui étant composé de membres envoyés par chaque canton, aurait
été à même de régler, en pleine connaissance de cause,
la proportion entre les communes. Cependant comme
c'est ici un moyen d'exécution qui peut varier chaque
année, et que le Préfet est déjà chargé exclusivement
de cette répartition pour les chemins ordinaires intéressant plusieurs communes, on a cru devoir ne conférer aux Conseils généraux que la fixation de la direction du chemin et la désignation des communes qui
doivent contribuer à sa construction et à son entretien.

Au reste les arrêtés des Préfets seront, pour les différens objets de leur compétence, susceptibles de
recours, d'abord au Conseil de préfecture, et ensuite
au Conseil d'État.

L'article qui nous occupe chargeant spécialement les
Préfets de fixer la largeur des chemins de grande communication, ces administrateurs ne seront limités dans
l'exercice de ce pouvoir par aucun *maximum*. La
largeur de huit mètres non compris les fossés, indi-
quée par M. le Ministre de l'intérieur dans sa circu-

laire du 24 juin 1836, n'est point prescrite comme
règle absolue et invariable; les circonstances de localités et les besoins de la population devront seuls guider
ces magistrats, et les réflexions que nous avons présentées sur l'art. 1er, relativement à l'abrogation de l'art.
6 de la loi de l'an XIII, s'appliquent ici à plus forte
raison.

Pour qu'une commune soit appelée par le Conseil
général à contribuer à la construction et à l'entretien
d'un chemin vicinal de grande communication, la loi
n'exige pas qu'il la traverse ou qu'il passe sur son territoire; il suffit qu'elle s'en serve, même au moyen d'un
chemin d'embranchement. Le Conseil général devra
se déterminer, non par le plus ou le moins d'éloigne-
ment de la commune, mais uniquement par l'utilité
qu'elle pourra en retirer, et par l'usage qu'elle en fera.

ARTICLE VIII.

« Les chemins vicinaux de grande communication,
« et dans des cas extraordinaires les autres chemins
« vicinaux pourront recevoir des subventions sur les
« fonds départementaux. Il sera pourvu à ces subventions
« au moyen des centimes facultatifs ordinaires du dé-
« partement, et de centimes spéciaux votés annuelle-
« ment par le conseil général. La distribution des sub-
« ventions sera faite, en ayant égard aux ressources,
« aux sacrifices et aux besoins des communes, par le
« Préfet qui en rendra compte chaque année au conseil
« général. Les communes acquitteront la portion des
« dépenses mise à leur charge au moyen de leurs re-
« venus ordinaires; et, en cas d'insuffisance, au moyen
« de deux journées de prestation sur les trois journées

« autorisées par l'art. 2, et des deux tiers des centimes
« votés par le conseil municipal en vertu du même
« article. »

Cet article qui n'avait rien d'analogue dans la législation antérieure, établit un fonds commun pour subvenir aux frais de confection et d'entretien des chemins
de grande communication. Ce fonds se composera :

1° D'une partie des revenus ordinaires des communes
appartenant à la ligne vicinale.

2° En cas d'insuffisance, de deux des journées de
prestation sur les trois autorisées par l'article 2, et des
deux tiers des centimes votés par le Conseil municipal
en vertu du même article.

3° Toujours en cas d'insuffisance des moyens précédens, d'une subvention prise sur les centimes facultatifs ordinaires du département et sur des centimes spéciaux votés annuellement par le Conseil général, et
dont le *maximum*, aux termes de l'article 12 ci-après,
sera déterminé par la loi de finances, aussi chaque année. Cette subvention sera répartie par le Préfet entre
les diverses lignes de grande vicinalité, eu égard aux
ressources, aux sacrifices et aux besoins des communes
dépendant de ces lignes.

4° Enfin et si des travaux indispensables l'exigeaient,
d'une contribution extraordinaire votée par le Conseil
municipal avec le concours des plus imposés, et autorisée par ordonnance royale, conformément aux art.
34 et 41 de la loi du 15 mai 1818 que nous avons dit,
sous l'article 2 ci-dessus, être applicable aux réparations des chemins vicinaux.

Ainsi le Préfet aura, aux termes du présent article et
du précédent, deux répartitions à faire, l'une des fonds

départementaux entre les diverses lignes de chemins, et l'autre, de la dépense de chaque ligne, entre les diverses communes qui doivent y contribuer. Il devra rendre compte chaque année de la première au Conseil général. Nous avons vu que la seconde était soumise au recours devant le Conseil de préfecture, et ensuite au Conseil d'état.

La prestation des trois journées de travail et le produit des cinq centimes additionnels prescrits par l'art. 2 ci-dessus, étant applicables tout-à-la-fois aux chemins vicinaux ordinaires et à ceux de grande communication, il en résulte : 1° que si les premiers n'employaient qu'une faible partie des prestations et centimes, le surplus, même au-delà des deux journées et des deux tiers des cinq centimes, pourrait être appliqué aux chemins de grande communication ;

2° Que réciproquement, si ces derniers n'absorbaient pas les deux journées et les deux tiers des centimes, l'excédant pourrait être consacré aux chemins vicinaux ordinaires ;

3° Que quand les deux journées et les deux tiers de centimes seront nécessaires pour les chemins de grande communication, ils devront être prélevés en premier ordre et appliqués exclusivement à cette destination, lors même que la journée et le tiers de centimes restans seraient insuffisans pour la réparation des chemins ordinaires. C'est là un *minimum* qui doit être affecté au chemin qui présente l'intérêt le plus général sans pouvoir être détourné au profit des voies d'une utilité purement locale.

L'article qui nous occupe impose, au profit des chemins de grande communication, les communes associées, à deux journées à prendre sur les trois nomi-

nativement exigées ; il ne s'est point expliqué de la même
manière quant aux centimes dont le nombre n'est pas
fixé d'une manière absolue, à 1, 2 ou 3 centimes, par
exemple, mais seulement par relation avec ceux votés
par le Conseil municipal, et pour une quotité propor-
tionnelle au chiffre du vote : *les deux tiers des centimes votés*. Suivra-t-il de là qu'une commune s'affran-
chirait de la contribution en argent, ou en réduirait
singulièrement le taux en ne point votant de centimes,
ou en n'en votant qu'un ou deux ? Cette conséquence
semblerait, au premier coup-d'œil, découler nécessairement de la loi; cependant les communes ne pourront
y arriver, à raison de ce qu'il faut combiner le présent
article avec le cinquième ci-dessus, d'après lequel nous
avons vu que le Préfet pouvait d'office imposer la commune dans les limites du maximum de cinq centimes,
si, après avoir été mise en demeure, elle n'émettait point
de vote ou n'en émettait qu'un insuffisant. Le Préfet
pourra donc, relativement à chaque commune, disposer pour les chemins de grande communication jusqu'à
concurrence des deux tiers des cinq centimes ou de
deux centimes deux tiers.

ARTICLE IX.

« Les chemins vicinaux de grande communication
« sont placés sous l'autorité du Préfet. Les dispositions
« des art. 4 et 5 de la présente loi leur sont appli-
« cables. »

La première partie de cet article dictée par le besoin
d'unité dans la direction de toute opération collective,
est d'ailleurs la conséquence nécessaire des dispositions

qui précèdent. Du moment où le chemin s'étend sur plusieurs communes en quelque sorte associées sous ce rapport, il fallait le soumettre à une autorité supérieure à ces diverses administrations locales, et ce ne pouvait être qu'au Préfet placé au dessus des maires dans la hiérarchie administrative et appelé à les suppléer toutes les fois qu'il s'agit d'intérêts communs. Mais par là, le chemin ne change point de nature, il n'en reste pas moins chemin vicinal proprement dit et ne devient point route départementale ; d'où plusieurs conséquences :

La première, c'est que les travaux nécessaires à sa confection et à son entretien sont toujours des travaux communaux ; de telle sorte que les difficultés auxquelles ils peuvent donner lieu entre l'administration et les entrepreneurs, sont du ressort des tribunaux civils ordinaires, sans que la connaissance puisse en être déférée au Conseil de préfecture, même lorsqu'on insérerait à cet égard une clause positive dans le cahier des charges. (*Arrêt du Conseil du 12 avril 1829. — Sirey, t. 29, 2e part., pag. 359.*)

La seconde, c'est que les lois des 29 floréal an x, 7 ventôse an xii et le décret du 23 juin 1806 concernant le poids des voitures et la largeur des jantes, ainsi que les articles 9 de la loi du 3 nivôse an vi, et 34 du susdit décret du 23 juin 1806 qui impose l'obligation de munir les voitures de plaques, ne doivent pas recevoir leur application sur les chemins même de grande communication ; c'est ce qui résulte d'ailleurs du rejet par la Chambre des Députés, à la séance du 8 mars 1836, d'un amendement proposé par un de ses membres, et qui tendait à rendre applicables aux chemins vicinaux les lois relatives à la police du roulage. Cette liberté pourra donner lieu à des fraudes et à des inconvéniens qu'il eût été sage de prévenir.

Nous avons indiqué sous l'art. précédent comment les dispositions des articles 4 et 5 étaient applicables aux chemins de grande communication.

DISPOSITIONS GÉNÉRALES.

ARTICLE X.

« Les chemins vicinaux reconnus et maintenus « comme tels, sont imprescriptibles. »

Avant la promulgation de cet article, il existait de nombreuses difficultés par rapport à la prescription des chemins vicinaux. Certains auteurs les soutenaient prescriptibles et d'autres imprescriptibles. Ceux-ci prétendaient que les chemins vicinaux même classés étaient soumis à la prescription trentenaire ; tandis que ceux-là avançaient que les chemins quoique non classés, mais qui servaient au public, ne pouvaient se prescrire par quelque laps de temps que ce fût.

Quelques jurisconsultes, en admettant la prescription du chemin en lui-même, enseignaient que sa largeur était imprescriptible.

Une différence d'opinion sur la durée que devait avoir l'effet de la déclaration de vicinalité par rapport à la prescription, divisait aussi les auteurs ; pour que la prescription pût être admise à l'égard d'un chemin, fallait-il qu'il eût été déclassé par un arrêté de l'autorité administrative ; ou l'abandon dans lequel le public l'avait laissé depuis plus ou moins de temps était-il suffisant pour le faire rentrer parmi les biens qui sont dans le commerce et qui peuvent s'acquérir par prescription? Quel était le temps nécessaire pour que le public fût censé avoir abandonné un chemin? Fallait-il une possession immémoriale; ou un non usage de cent ans, de cinquante, de quarante ou de trente suffisait-il? Le temps exigé pour faire supposer l'abandon devait-il s'être écoulé avant l'époque où celui qui invoquait la prescription faisait remonter sa prise de possession; ou la jouissance exclusive de celui-ci faisait-elle simultanément et supposer l'abandon de la part du public, et courir la prescription à son profit?

Quelques-unes de ces questions se trouvent tranchées par la loi nouvelle; mais plusieurs autres subsistent encore et font regretter que le législateur n'ait pas approfondi davantage la matière, et tari par des solutions positives une source trop féconde de procès dans les campagnes, et d'abus de pouvoir ou de prévarication de la part des agens de l'autorité.

Ainsi et en résumant les points de difficulté qui sont ou nous paraissent résolus :

1º Pour qu'un chemin jouisse du privilège de l'imprescriptibilité, il faut qu'il ait été légalement reconnu ou maintenu comme vicinal ordinaire ou de grande communication. Cela résulte des termes mêmes de notre article insérés par suite d'un amendement de M. le comte Roy devant la Chambre des Pairs.

Pour la forme de la reconnaissance, voyez nos observations sur les articles 1 et 15.

2º L'imprescriptibilité s'étend non seulement au chemin en lui-même, mais encore à sa largeur et à ses fossés qui en sont un accessoire et qui dépendent aussi du domaine public municipal. Toutefois pour qu'il y ait

lieu à l'application de ce principe, il faut que la commune
prouve que le terrain usurpé faisait partie intégrante
du chemin, comme fossé, comme berge ou autrement;
car il serait possible que, bien que communal, il ne fût
pas affecté au passage du public et eût été vain et vague.
Dans ce dernier cas, cette partie deviendrait prescriptible, et comme l'a jugé la Cour de Douai, par arrêt
du 25 février 1828 (*Dalloz*, t. 28, 2ᵉ part., *p.* 61),
on sortirait de l'article 2226 du Code civil, pour rentrer dans l'article 2227. En cas de doute et à défaut de
titres, ce sera la possession qui devra servir de base à
la décision. (*M. Troplong, de la prescription,* t. 1,
nᵒˢ 158 à 16.)

3º La déclaration ou reconnaissance de vicinalité n'o-
père, par rapport à l'impossibilité de prescrire, que
comme un acte constitutif et non déclaratif; c'est-à-
dire qu'elle ne fait pas rétroagir l'imprescriptibilité à
une date antérieure au jour où elle a été faite. Tant que
le chemin n'a point été régulièrement classé et entretenu par la commune à l'aide du mode établi par la loi,
il a dû être, quoique fréquenté autrefois par le public,
considéré comme une propriété ordinaire que les particuliers ont cru pouvoir posséder de bonne foi. Ce
n'est qu'après que le chemin a été reconnu ou maintenu comme vicinal, qu'il devient imprescriptible.

Restent à examiner maintenant les questions sur lesquelles la loi ne s'explique pas d'une manière formelle.

Et d'abord, pour qu'un chemin imprescriptible,
parce qu'il a été déclaré ou reconnu vicinal, puisse re-
devenir prescriptible, faut-il qu'il ait été déclassé et en
quelque sorte remis dans le commerce par un acte exprès de l'autorité administrative? Nous ne le pensons
pas, avec MM. Proudhon (*Traité du Dom. publ.,*

n° 217 *et suiv.*), Garnier (*Suppl. au Traité des chemins, p.* 36), et Troplong (*Prescript.*, n° 163), et contre l'opinion de Pothier (*Tr. de la prescript.*, n° 7), et de MM. Isambert (*Tr. de la voirie*, n° 374) et Cotelle.

L'imprescriptibilité n'ayant été décrétée qu'à raison de l'usage public, elle doit cesser lorsque dans le fait l'usage n'existe plus et que le chemin est rentré dans le domaine communal simple et a repris la forme et la destination d'un héritage privé. « Quand le public se « retire définitivement d'une chose, dit M. Troplong, « cette chose cesse d'être publique ; elle perd tacite- « ment sa destination, elle n'est plus hors du com- « merce. Vous demandez un arrêté de déclassement ; « mais qui sait s'il n'a pas été rendu et si dans la suite « des années il ne s'est pas perdu? Un abandon long- « temps soutenu le fait supposer..... Un terrain qui a « perdu de fait son caractère de chemin, qui produit des « herbes pour la pâture, qui peut-être est loué par la « commune à son fermier pour en récolter des fruits, « doit-il être appelé une chose qui n'est pas dans le « commerce, quand même il n'y aurait pas un arrêté « de déclassement? En toute chose, j'aime la vérité et « les fictions me pèsent. Je ne les adopte que quand « elles sont clairement établies par la loi, et je les re- « pousse sans hésiter, lorsqu'elles sont équivoques et « lorsqu'elles tendent surtout à froisser les intérêts « privés, en mettant une sorte de main-mise et de sé- « questre sur le commerce des immeubles. »

Les explications données à la Chambre des Pairs, no- tamment par M. le comte Roy, viennent appuyer cette opinion ; exposant les divers cas dans lesquels les che- mins deviennent prescriptibles, il dit que c'est lorsqu'ils sont inutiles, que la servitude envers le public cesse d'exister, et qu'ils sont déclassés ; circonstances dont évidemment il n'entendait pas exiger le cumul.

Mais pour que le non-usage fasse perdre à un chemin son caractère public et le rende susceptible de prescription, quelles conditions sont exigées, et pendant combien de temps faut-il que ce non-usage ait duré? Il faut des actes possessoires bien expressifs, surtout lorsque, sans contester l'existence du chemin, les riverains n'invoqueront la prescription que pour conserver une partie de son ancienne largeur. Il faudra une jouissance exclusive résultant soit de constructions, soit de plantations, soit d'actes de culture bien évidens et qui aient mis un obstacle réel à l'usage du public.

Il faudra aussi que cette possession exclusive se soit continuée pendant un temps assez long. Ce temps ne doit pas être, ainsi que nous le verrons tout-à-l'heure, précisément de 30 années, parce que, pour la question qui nous occupe, le défaut d'usage de la part du public ne doit pas encore être considéré comme une possession au profit de celui qui invoque la prescription, mais simplement comme une présomption de renonciation de la part du public. « Dans la prescription, dit M. « Troplong, les années sont comptées ; c'est dix, « vingt, trente. Quand on a fait la preuve du « temps requis pour prescrire, le juge est lié; il y a « présomption *juris et de jure* de propriété. Il faut « qu'il l'adjuge alors même qu'il serait convaincu qu'il « y a usurpation; mais ici c'est à titre de simple pré- « somption que nous tenons compte des années. Nous « voulons savoir d'elles par une règle de logique et non « par une règle de droit, si elles font supposer une re- « nonciation de la part du public. » Ainsi, ce sera au

juge à reconnaître et à fixer le temps après lequel on
devra raisonnablement penser que le public a abandonné un chemin ou une partie de sa largeur. Il ne sera
pas nécessaire d'avoir une possession soit immémoriale,
soit de deux générations, comme l'exigent des auteurs;
quelquefois aussi le laps de trente ans pourra ne point
paraître suffisant. Les tribunaux pourront tantôt se
contenter de vingt ans, tantôt en exiger quarante, cinquante et même cent.

L'abandon du chemin par le public étant une fois
constant, il y aura accomplissement d'une des conditions exigées pour prescrire; mais il n'y aura pas encore prescription au profit d'un particulier, laquelle
ne peut résulter que d'actes de jouissance faits par lui
et continués pendant le temps réglé par la loi. Il doit
y avoir ici deux choses très distinctes, l'abandon du
chemin par le public et que l'on induit du simple
non-usage pendant un temps plus ou moins long,
lors même que personne n'en aurait eu la possession;
et ensuite, l'occupation et la jouissance de ce chemin
par un particulier pendant le temps voulu par la loi.

Ces deux périodes ne pourront courir simultanément,
comme le prétendent MM. Vazeille et Garnier. « La
« prescription du possesseur, dit M. Troplong, ne
« peut commencer que lorsque le chemin a perdu son
« caractère de chose publique; tant que ce caractère n'est
« pas effacé, la prescription est impossible. Si la pos-
« session du particulier a commencé à une époque où
« d'après la vraisemblance, le chemin avait cessé d'être
« hors du commerce, ses trente ans le conduiront droit
« à la propriété; mais s'il a possédé à une époque à la-
« quelle l'abdication n'était rien moins que certaine,
« il faudra retrancher de la possession tout le temps

« nécessaire pour que le caractère de chose publique
« s'oblitère et disparaisse. Le point de départ com-
« mencera seulement quand la chose aura perdu son
« privilége, et c'est trente ans après ce moment initial,
« que la prescription sera seulement accomplie. On
« voit d'après ces observations que dans la plupart
« des cas, il faut beaucoup plus qu'une possession
« trentenaire pour pouvoir se dire propriétaire d'un
« chemin vicinal qu'on enclave dans son héritage et
« que l'on cultive comme une de ses dépendances.
« Voilà pourquoi ceux qui exigent une possession très
« longue, cinquante ans par exemple, ou même une
« possession immémoriale, se rapprochent beaucoup
« plus de la vérité que leurs adversaires. »

L'imprescriptibilité des chemins, tant qu'ils restent
publics, ne s'étend pas seulement à leur sol même, à
leur largeur et à leurs accessoires, comme fossés et
berges : elle est aussi un obstacle à ce que les voisins
y acquièrent des servitudes autres que celles auxquelles
ils sont naturellement sujets; tels que l'écoulement des
eaux pluviales tombant des toits ou provenant des héritages voisins. La prescription serait vainement invoquée par celui qui prétendrait avoir droit d'envoyer
sur le chemin des eaux naturelles ou ménagères susceptibles de le dégrader et de nuire à la circulation, qui
voudrait jouir d'un aqueduc sous ce chemin, ou y avoir
une cave. Les chemins étant hors du commerce ne
peuvent être grevés de servitudes contraires à leur
usage habituel. (*Loi* 2, § 26, 27 et 44, ff. *ne quid
in loc. pub. Arrêt de la Cour de Cass.*, *du* 15 *février*
1828; *Dalloz*, 28 1-129; *Journal du Palais*, 1828,
2-365 ; *M. Troplong*, nos 140, 156, 163 et 165.)

La prescription, par rapport aux chemins vicinaux,

peut être envisagée sous un double point de vue,
comme moyen de les perdre ou comme moyen de les
acquérir. L'article qui nous occupe n'a trait qu'à la
première hypothèse, en posant le principe de l'imprescriptibilité, et en établissant ainsi une dérogation
au droit commun. Quant à la seconde, concernant
l'acquisition, il y est statué par l'article 18 ci-après,
qui apporte aussi une modification à la loi commune.

Ainsi, relativement à la prescription, les chemins
vicinaux jouissent d'un double privilège : d'abord de
s'acquérir par une possession moins longue que celle
exigée pour les autres propriétés; et en second lieu, de
ne pouvoir se perdre par quelque laps de temps que
ce soit, pourvu qu'ils conservent leur caractère.

ARTICLE XI.

« Le Préfet pourra nommer des agens-voyers. Leur
« traitement sera fixé par le conseil général. Ce trai-
« tement sera prélevé sur les fonds affectés aux tra-
« vaux. Les agens-voyers prêteront serment. Ils auront
« le droit de constater les contraventions et délits, et
« d'en dresser des procès-verbaux. »

Cette institution est nouvelle en ce sens qu'elle ne
résultait d'aucune loi antérieure, quoique dans beaucoup de départemens les Préfets eussent créé des agens
chargés de la surveillance des chemins vicinaux, mais
qui n'avaient qu'un droit d'inspection et de direction
des ouvrages, sans pouvoir dresser de procès-verbaux.

Aujourd'hui la loi organise et étend à toute la France
l'établissement de ces agens, quoique par ses termes
elle semble ne pas imposer aux Préfets l'obligation d'en

nommer partout. Il résulte de la discussion des Chambres qu'en disant : *Le Préfet pourra*, on a eu principalement en vue de lui laisser la plus grande latitude
dans le choix, et particulièrement de lui permettre
d'employer les ingénieurs et les conducteurs des ponts
et chaussées toutes les fois qu'ils pourront cumuler ce
service avec celui dont ils sont déjà chargés.

Dans le projet de loi amendé par la Commission,
l'article qui nous occupe formait le second paragraphe
de l'article 9, se trouvait ainsi sous la rubrique des
chemins vicinaux de grande communication, et par
conséquent n'était point applicable aux chemins vicinaux ordinaires. En séparant cette disposition et en la
plaçant parmi celles générales, on a voulu autoriser
la création d'agens-voyers dans toutes les communes où
le besoin s'en ferait sentir et où les fonds affectés aux
travaux seraient suffisans pour payer leur traitement.
Dans ce cas, on pense que ce traitement sera fixé par
le Conseil municipal. Si l'article parle seulement du
Conseil général, c'est parce que le plus ordinairement
ces agens serviront à plusieurs communes, et parce
qu'en déplaçant l'article après avoir arrêté sa rédaction,
on n'a pas remarqué que sa disposition devait par suite
être nécessairement modifiée.

La loi n'ayant fixé ni l'âge que devront avoir les
agens-voyers, ni l'autorité devant laquelle ils prêteront
serment, on pense que la majorité de 21 ans, celle
qui rend l'homme capable de faire les actes de la vie
civile, sera suffisante, et que le serment devra être prêté
devant le Préfet chargé par la loi du 29 floréal an x de
recevoir celui des agens ayant qualité pour constater
les contraventions en matière de grande voirie, et qui,
à un autre titre, ne l'auraient déjà pas prêté en justice.

C'est le droit de constater les délits et contraventions et d'en dresser des procès-verbaux, qui constitue la principale différence entre les nouveaux agens-voyers et ceux qu'antérieurement les Préfets étaient autorisés à nommer et qui existaient dans la plupart des départemens, mais auxquels n'appartenait point le droit de verbaliser, que la loi peut seule conférer.

Rien ne devant être suppléé en fait de formalités et d'attribution de pouvoirs, il faut dire dans le silence de la loi :

1° Que les procès-verbaux dressés par ces agens sont dispensés de la formalité de l'affirmation exigée, par le décret du 18 août 1810, des fonctionnaires chargés de constater les contraventions de grande voirie, et que le défaut d'enregistrement de ces procès-verbaux dans un certain délai, n'aura aucune influence sur leur validité ;

2° Que ces procès-verbaux ne feront foi que jusqu'à preuve du contraire, comme ceux des gardes-champêtres, commissaires de police, etc., et par conséquent pourront être débattus conformément à l'article 154 du Code d'instruction criminelle, par les preuves et témoignages que les contrevenans proposeront. Sous ce point de vue, les agens-voyers sont assimilés aux conducteurs des ponts et chaussées, dont les rapports ne font foi que jusqu'à preuve contraire, ainsi que l'a reconnu le Conseil d'Etat par un arrêt du 21 mars 1834, et par un plus récent du 19 janvier 1836, qui a décidé en outre qu'un seul gendarme pouvait valablement constater un délit de voirie.

Les agens-voyers n'auront pas exclusivement le droit de verbaliser; ils l'exerceront concurremment avec les maires, adjoints, gardes champêtres, gendarmes et au-

tres officiers auxiliaires de police qui l'avaient précédemment et auxquels la loi ne l'a point retiré.

Dans une brochure que M. Mathieu de Dombasle a
publiée en 1835 sur les chemins vicinaux, il avance,
page 30, qu'il n'existe qu'une seule combinaison d'où
l'on puisse espérer une bonne direction des travaux :
c'est celle qui placerait un ingénieur à la tête de toute
la vicinalité d'un département. Nous partageons entièrement son avis. Nommé par le Préfet et placé immédiatement sous sa direction, cet ingénieur aurait sous
ses ordres dans chaque arrondissement des inspecteurs
qui dirigeraient eux-mêmes les agens-voyers chargés
de la surveillance des travaux. De cette manière il y
aurait uniformité et ensemble dans les ouvrages; l'action se transmettrait avec rapidité du premier degré
de l'échelle jusqu'au dernier. L'étendue des pouvoirs
de tous serait parfaitement limitée et définie ; chaque
agent n'aurait jamais à obéir qu'à un seul supérieur,
principe fondamental de toute organisation administrative. L'inertie des autorités municipales n'entrave-
rait pas la marche des agens-voyers qui, dans cette hypothèse, recevraient uniquement leur impulsion des
Préfets.

Sans cette organisation, on ne conçoit pas quelle
serait la position des agens-voyers par rapport aux autorités municipales. Il serait aussi inconvenant de les
donner pour chefs à ces autorités, que désavantageux
de les placer exclusivement sous leur dépendance.

On doit regretter qu'à côté de l'institution si utile
des agens-voyers, réclamée par les Conseils généraux
et par le plus grand nombre des Préfets, on ne trouve
pas consacrée par la loi celle des cantonniers qui existe
de fait dans beaucoup de communes et qui offre le

moyen le plus simple et le moins dispendieux d'entretenir les chemins. L'expérience a démontré que dans
les chemins comme dans les bâtimens, une légère
réparation faite à propos prévenait des dégradations
beaucoup plus considérables, lesquelles, après peu de
temps, entraînent la ruine totale de la chose.

Il est vrai, comme l'ensemble de la discussion l'a
fait connaître, que le législateur a été loin de proscrire
l'établissement des cantonniers et des conducteurs de
travaux. Le seul motif qui l'a empêché de s'expliquer
d'une manière formelle à cet égard est l'insuffisance
des moyens pécuniaires dans plusieurs localités; mais
toujours est-il qu'on eût mieux fait de le poser en
principe, sauf à laisser aux Préfets une latitude très-
étendue. Rien ne s'opposera, ce nous semble, à ce
qu'ils suppléent au silence de la loi par le règlement
qu'ils sont chargés de faire et qui doit s'étendre à tous
les détails de surveillance et de conservation des chemins.

ARTICLE XII.

« Le maximum des centimes spéciaux qui pourront
« être votés par les conseils généraux, en vertu de la
« présente loi, sera déterminé annuellement par la
« loi de finances. »

Cet article eût été beaucoup mieux placé dans la
section 2 et à la suite de l'article 8, dont il est le complément. S'il se trouve au nombre des dispositions générales, c'est parce que, dans le projet adopté par la
Chambre des Députés, il réglait aussi le *maximum* des
centimes à voter par les Conseils municipaux ou à imposer d'office. Cette dernière partie a été retranchée par la

Chambre des Pairs comme inutile, à raison de ce que l'article 2 ci-dessus déterminant déjà le *maximum* que peuvent imposer les Conseils municipaux, il n'y avait plus lieu de le faire régler annuellement par la loi de finances.

ARTICLE XIII.

« Les propriétés de l'Etat, productives de revenus, « contribueront aux dépenses des chemins vicinaux, « dans les mêmes proportions que les propriétés pri- « vées, et d'après un rôle spécial dressé par le Préfet.

« Les propriétés de la Couronne contribueront aux « mêmes dépenses, conformément à l'article 13 de la « loi du 2 mars 1832. »

Les propriétés de l'Etat n'étant point soumises à l'impôt foncier, qui serait absolument illusoire par rapport à elles, ne figurent pas sur les rôles généraux. Il devait en être autrement en ce qui concerne la contribution aux dépenses des chemins vicinaux, lesquelles sont une charge spéciale des communes. On a dû soumettre ces propriétés au paiement proportionnel de ces dépenses comme tous les autres fonds situés sur le territoire de la commune; mais comme elles ne sont pas comprises au rôle général, il a fallu charger le Préfet d'en dresser un spécial contre lequel les communes qui se croiraient lésées auraient le recours dont nous avons parlé plus haut, au Conseil de préfecture, et ensuite au Conseil d'état. En ajoutant aux mots *propriétés de l'Etat* ceux *productives de revenus*, on a exclu de la contribution les immeubles consacrés à des usages publics et qui, loin de produire des revenus, occasionnent de grandes dépenses : tels que les casernes, les hôpitaux militaires, les remparts des places de guerre, etc.

Quant aux propriétés de la couronne, notre article s'est borné à s'en référer à la disposition de l'art. 13 de la loi du 2 mars 1832, qui déclare que : « ces « propriétés ne seront pas soumises à l'impôt ; qu'elles « supporteront néanmoins toutes les charges com- « munales et départementales, et qu'afin de fixer leur « portion contributive dans ces charges, elles seront « portées sur les rôles, et pour leurs revenus estimatifs, « de la même manière que les propriétés privées. »

Il résulte de cette assimilation et de ce que les mots restrictifs, *productives de revenus*, ne se réfèrent pas aux propriétés de la couronne, que ces biens devront sans distinction, et d'après les bases déterminées pour les propriétés non productives des particuliers, con- tribuer aux dépenses des chemins. Le domaine privé du Roi devra à plus forte raison participer à ces frais.

On pense aussi que la contribution devra porter sur les propriétés des communes, ce qui aura de l'im- portance lorsqu'il s'agira de réparer un chemin de grande communication ou qui intéressera également des communes voisines.

Inutile d'ajouter que les contributions à fournir par les propriétés de l'état et de la couronne doivent être assises en vue des centimes spéciaux votés soit par le Conseil municipal, en vertu de l'article 2, soit par le Conseil général, conformément au second § de l'article 8. C'est ce qui explique même pourquoi cet article a été mis au nombre des dispositions générales.

ARTICLE XIV.

« Toutes les fois qu'un chemin vicinal entretenu à
« l'état de viabilité par une commune sera habituelle-
« ment ou temporairement dégradé par des exploita-
« tions de mines, de carrières, de forêts, ou de
« toute entreprise industrielle appartenant à des par-
« ticuliers, à dés établissemens publics, à la Couronne
« ou à l'Etat, il pourra y avoir lieu à imposer aux
« entrepreneurs ou propriétaires, suivant que l'exploi-
« tation ou les transports auront eu lieu pour les uns
« ou les autres, des subventions spéciales dont la quo-
« tité sera proportionnée à la dégradation extraordi-
« naire qui devra être attribuée aux exploitations.

« Ces subventions pourront, au choix des subven-
« tionnaires, être acquittées en argent ou en presta-
« tions en nature, et seront exclusivement affectées à
« ceux des chemins qui y auront donné lieu.

« Elles seront réglées annuellement, sur la demande
« des communes, par les conseils de préfecture, après
« des expertises contradictoires, et recouvrées comme
« en matière de contributions directes.

« Les experts seront nommés suivant le mode dé-
« terminé par l'art. 17 ci-après.

« Ces subventions pourront aussi être déterminées
« par abonnement ; elles seront réglées, dans ce cas,
« par le Préfet en conseil de préfecture. »

Cet article, dont le principe et les dispositions ont
donné lieu à une très-vive discussion devant la
Chambre des Députés, doit être repris dans ses différentes parties et comparé avec l'article 7 de la loi de
1824, qui statuait sur le même objet.

Toutes les fois qu'un chemin vicinal.... L'ancienne

loi disait seulement *un chemin*, ce qui s'appliquait à
toute espèce de voies de communication, tandis qu'il
faudra aujourd'hui que le chemin soit classé au nombre
des chemins vicinaux, les seuls qui doivent nécessairement être entretenus. Il y aura, il est vrai, injustice
si un chemin public, bien entretenu, quoique non
classé, est dégradé par une exploitation; mais la
commune pourra parer à cet inconvénient en faisant
déclarer le chemin vicinal, ce qui la mettra ensuite
elle-même dans la nécessité de l'entretenir. Au reste,
la disposition s'applique aussi bien aux chemins vicinaux ordinaires qu'à ceux de grande communication.

Entretenu à l'état de viabilité. Cette condition est
nouvelle. Est-elle juste? et par cela seul qu'un chemin
quoique praticable n'est pas en bon état de viabilité,
y avait-il raison suffisante pour autoriser un établissement industriel à le dégrader davantage et même à le
détruire complètement? Nous ne le croyons pas. Le
seul motif qui a pu déterminer cette disposition est
d'infliger une espèce de peine aux communes qui négligeraient leurs chemins et de les forcer par là à exécuter la loi.

Ce sera à la commune à prouver que son chemin
était en état de viabilité, puisque ce n'est qu'à cette
condition que l'établissement industriel pourra être
tenu à une contribution.

Aussi, dans sa circulaire de 1836, page 82, M. le
Ministre de l'intérieur engage-t-il les Maires à faire
procéder, contradictoirement avec les propriétaires ou
entrepreneurs intéressés, à la reconnaissance de l'état
du chemin avant le commencement de l'exploitation,
s'il s'agit d'une exploitation temporaire, ou au commencement de chaque année s'il s'agit d'une exploi-

6

tation permanente. Dans le cas où le maire et le maître
de l'entreprise ne pourraient tomber d'accord sur
l'état de viabilité du chemin, ou si ce dernier refusait
de procéder à la visite amiable et d'en signer le procès-
verbal, il y aurait lieu de recourir à une expertise qui
devrait être faite dans la forme prescrite par l'art. 17.

Par une commune.... ou par plusieurs lorsque la
voie est de grande communication ou sert à plusieurs
communes. Si le chemin avait été préalablement réparé
et mis en état par l'exploitation industrielle, celle-ci
ne serait pas obligée de le réparer s'il ne lui convenait
plus de le faire. La commune n'aurait pas lieu de se
plaindre, puisqu'avant les travaux faits par l'entreprise
le chemin était déjà en mauvais état.

, Sera habituellement ou temporairement dégradé...
Comme le disait M. le comte Roy, à la Chambre
des Pairs : La subvention ne doit pas avoir pour cause
une dégradation ordinaire telle qu'elle est occasionnée
par le temps ou par l'usage commun d'un chemin,
mais une dégradation qui sortirait des proportions ha-
bituelles. Le mot *extraordinaire* que notre article présente quelques lignes plus bas, et qui aurait été mieux
placé au commencement, ne laisse aucun doute à cet
égard. Il suffirait de quelques transports et d'un passage pendant peu de temps, pour que la subvention
pût être exigée, puisque le mot *temporairement* est
mis en opposition avec le mot *habituellement;* mais
alors il faudrait que le dommage et sa cause fussent
clairement établis, car il serait difficile de le supposer
en pareil cas. Pour bien entendre l'article, il est nécessaire de réunir les trois mots *habituellement, temporairement* et *extraordinaire,* desquels il résulte qu'il y
a lieu à indemnité toutes les fois que les transports

occasionnés par l'exploitation dégradent continuelle-
ment ou momentanément le chemin dans une proportion beaucoup plus forte que celle résultant de l'usage
qu'en font les autres habitans de la commune.

*Par des exploitations de mines, de carrières, de
forêts ou de toute entreprise industrielle,* telles que
forges, fourneaux, moulins et autres usines. La contribution ne doit pas être réglée eu égard à l'importance
de l'établissement industriel et aux revenus qu'il produit, mais uniquement à l'usage qu'il fait du chemin,
c'est-à-dire au nombre des transports et au charge-
ment des voitures.

Il résulte de la discussion à la Chambre des Députés
qu'une exploitation agricole, quelqu'étendue qu'elle
soit, ne donnera lieu à aucune indemnité. Le législateur a considéré en effet que ces sortes d'exploitations
avaient acquitté leur dette par la prestation en nature
qui n'atteint pas la plupart des autres entreprises.

Le transport de matériaux destinés à une construction considérable suffira-t-il pour motiver une demande
en subvention? — Pour la négative, on peut dire
qu'une construction, quelle qu'elle soit, n'est point
une entreprise industrielle dans le sens ordinaire de
ces expressions; néanmoins nous pensons que l'indemnité sera due, parce qu'il y a identité de raison,
et que la loi s'appliquant aux causes de dégradation
temporaire, doit nécessairement comprendre ce cas.

*Appartenant à des particuliers, à des établisse-
mens publics, à la couronne ou à l'état.* Cette énu-
mération ne se trouvait pas dans la loi de 1824. Les
établissemens publics, la couronne et l'état sont avec
raison mis sur la même ligne que les particuliers :

l'art. 13 les y place déjà pour la contribution générale
aux réparations ordinaires.

La loi ne parle pas dans notre article des exploitations ou entreprises industrielles appartenant aux communes. Cette omission est sans importance lorsqu'il
s'agit des chemins de la commune même; mais elle
en prend lorsqu'il est question de ceux intéressant
plusieurs communes ou de grande communication ; on
pense qu'alors la commune propriétaire devra une
indemnité ; c'est ce qui résulte de la réponse faite par
le rapporteur de la Commission de la Chambre des
Députés à un membre qui présentait la difficulté.

Il pourra y avoir lieu. Dans la rédaction proposée
par la Commission de la Chambre des Pairs, on lisait :
« La subvention ne pourra être exigée qu'autant que
« la commune aura acquitté la portion qui demeu-
« rera à sa charge. » Ces expressions qui créaient une
fin de non-recevoir au profit du maître de l'entreprise,
tant que la commune n'aurait pas effectué la portion
de travaux restant à sa charge , ont été retranchées, ce
qui décide que l'obligation , pour les subventionnaires,
d'acquitter l'indemnité est indépendante de l'acquittement préalable de la part de la commune.

Aux entrepreneurs ou propriétaires, suivant, etc.
Cette dernière explication manquait dans la loi de
1824, et son absence avait donné lieu à une question
diversement jugée par le Conseil d'Etat, et qui était de
savoir auquel de l'entrepreneur ou du propriétaire on
devait s'adresser. La loi nouvelle décide nettement que
c'est à celui qui cause personnellement la dégradation,
et en cela elle fait une stricte application de l'art. 1382
du Code civil. Quand le propriétaire exploite lui-même,
il doit la subvention ; mais quand il a vendu le produit

de ses forêts, mines ou carrières, ou a modié ses usines, ce sont les acquéreurs ou fermiers qui y sont soumis, parce que leur exploitation est la cause de la dégradation.

A cet égard s'élève une question qui peut se présenter fréquemment, surtout à l'égard des moulins. Assez généralement ceux qui exploitent ces usines envoient chercher le grain par leurs voitures dans les campagnes, à plusieurs lieues à la ronde. S'ils dégradent les chemins par ces transports, il n'y a pas de doute qu'ils ne soient soumis à l'indemnité; mais en serait-il de même si pour s'y soustraire, ou par tout autre motif, ils ne moulaient que le blé qui leur serait amené par les pratiques? Nous le pensons, parce que c'est toujours ici l'usine qui est la cause de la dégradation, qui retire l'avantage des transports de grains qui y sont faits, et que ces transports ont lieu pour l'entrepreneur ou propriétaire de l'usine dans le sens de la loi, quoiqu'effectués par des voitures qui ne leur appartiennent pas ou qui ne transportent pas habituellement pour leur compte.

De même, les maîtres de forges par exemple, seront passibles de la subvention à raison du transport du minerai, du charbon ou du bois, bien que ces objets soient transportés par des cultivateurs qui ne sont point leurs domestiques, mais qui ont fait avec eux des marchés à la journée, à la mesure ou en bloc.

La question présentera plus de difficulté quand le propriétaire d'une forêt ou d'une mine aura vendu son bois ou son minerai à un maître de forges. Aux termes de la loi, l'un et l'autre paraîtraient également tenus de la subvention, l'un à raison du produit de sa propriété, et l'autre à raison de l'exploitation de son usine.

Nous pensons que dans ce cas il faut examiner le lieu

de la livraison et pour le compte de qui se fait l'exploitation. Si le propriétaire a vendu sa coupe de bois
ou le droit d'extraire le minerai à l'entrepreneur de
l'usine, qui, par ses ouvriers et voituriers, fait abattre
le bois ou fait transporter le minerai, c'est ce dernier
qui est tenu de l'indemnité. Il en serait autrement si le
propriétaire s'était engagé à livrer le charbon ou le
produit de la mine dans les magasins de l'usine.

Ce que nous venons de dire de l'exploitant ne doit
avoir lieu que lorsqu'il s'agit d'un entrepreneur per-
manent ou d'un fermier proprement dit; car si la mine
ou carrière, sans être exploitée directement par son
propriétaire, était livrée à l'exploitation d'un grand
nombre d'individus qui viendraient y prendre succes-
sivement un certain nombre de voitures de minerai
ou de pierres, ce ne seraient pas là des entrepreneurs
auxquels la commune serait forcée de s'adresser. Dans
ce cas évidemment, il n'y a pas exploitation régulière
dans le sens de la loi; il y a vente par le propriétaire
d'une denrée qu'il permet d'enlever, et on doit considérer que c'est pour lui, à son profit et pour son compte,
que se font les transports.

De même, lorsqu'une forêt, quel qu'en soit le propriétaire, est exploitée en un grand nombre de lots par
des adjudicataires différens, comme dans le cas de partage d'un affouage communal, ces exploitans ne peuvent
être assimilés à des entrepreneurs. Obliger la commune
à les poursuivre au lieu de lui laisser le droit de s'adresser
au propriétaire de la forêt, ce serait exposer cette commune à des démarches longues et difficiles, et presque
toujours à perdre l'indemnité qui lui revient.

Cette interprétation adoptée par M. le Ministre de
l'intérieur dans sa circulaire de 1836, pag. 85, n'est,

comme il le dit très-bien, que l'application de ce principe de droit commun qui ne permet pas qu'on con-
traigne un créancier à souffrir contre son gré la subs-
titution de son débiteur. A l'appui il cite des ordonnances
royales rendues récemment en matière contentieuse,
dont la dernière est à la date du 8 janvier 1836.

Subventions spéciales, c'est-à-dire indépendentes
des prestations en nature et des centimes additionnels
auxquels les entrepreneurs ou propriétaires pourront
être tenus comme habitans, pour eux, leurs fermiers,
régisseurs ou domestiques, conformément à l'art. 3
ci-dessus.

Dont la quotité sera proportionnée, etc. Il faudra
rechercher la part pour laquelle l'exploitation entre
dans la dégradation; et si plusieurs exploitations occa-
sionnaient le dommage, il y aurait lieu à faire une venti-
lation entre les différens entrepreneurs ou propriétaires.

La quotité de la subvention devra être proportionnée,
non-seulement à la gravité de la dégradation, mais aussi
à l'étendue de chemin qui aura été dégradée. M. Garnier, dans la quatrième édition de son Traité des chemins, pag. 332, soutenait que l'indemnité n'était due
qu'envers la commune dans laquelle la propriété ou
l'établissement industriel était situé, et que les possesseurs ne pouvaient être assujettis à un impôt pour réparation des chemins des autres communes qu'ils ne
faisaient que traverser. Cette opinion qui avait déjà été
condamnée par le Conseil d'Etat, notamment les 8
janvier et 23 avril 1836, ne peut plus se soutenir aujourd'hui, ainsi que le reconnaît le même auteur, dans
le supplément à son Traité, pag. 51. L'esprit de la loi
nouvelle est de généraliser autant que possible la charge
de la dépense, de ne point la restreindre à la commune

sur le territoire de laquelle passe le chemin, mais au
contraire de l'étendre à toutes les personnes qui s'en
servent et qui contribuent à le dégrader. L'habitant
d'une commune qui ne se servira presque jamais d'un
chemin situé sur une autre commune, peut être cependant obligé à le réparer au moyen de prestations ou
de centimes ; à plus forte raison doit-il en être de même
à l'égard de ceux qui, par leur propre fait, occasionnent la dégradation.

Tout en reconnaissant le droit à l'indemnité qui appartient aux communes dont les chemins peuvent être
dégradés par une exploitation établie sur une autre
commune, M. le Ministre de l'intérieur pose dans sa
circulaire de 1836, des principes qu'il ne faudra jamais
perdre de vue. « Il y aurait extension excessive, dit-il,
« du principe de la loi et abus à prétendre suivre les
« exploitations dans toute l'étendue de la ligne que par-
« courent leurs transports. A mesure que ces transports
« s'éloignent du siège de l'exploitation, ils occasionnent
« des dégradations dont la proportion est toujours dé-
« croissante comparée aux autres causes de dégradation,
« et bientôt elles seraient impossibles à apprécier....
« C'est ici une question d'équité, plus encore que de
« droit rigoureux. »

Ces subventions pourront, etc. Les deux dispositions
de cet alinéa sont nouvelles. La seconde, qui veut que
l'indemnité soit exclusivement affectée à ceux des chemins qui y auront donné lieu est aussi claire qu'elle est
juste au fond, puisque s'il en était autrement les communes pourraient faire réparer par les maîtres d'usines
des chemins dont ceux-ci ne se serviraient pas, en laissant dans un état de dégradation ceux qui seraient

utiles à ces chefs d'établissemens et pour lesquels ils auraient payé.

Quant à la première qui consacre un droit d'option en faveur des subventionnaires, pareil à celui conféré par l'article 4 ci-dessus, elle donne lieu à la question de savoir par qui la prestation en nature sera estimée.

Le paragraphe suivant dit bien d'une manière générale que la subvention sera réglée par les Conseils de préfecture, mais en ajoutant aussitôt qu'elle sera recouvrée comme en matière de contribution ; ce qui prouve qu'il n'a eu en vue que la fixation de la valeur de l'indemnité et non celle du prix de la prestation : d'ailleurs l'option pouvant n'être manifestée qu'après la condamnation et au moment de l'acquittement, on ne doit pas supposer que la loi at voulu charger le Conseil de Préfecture de s'occupe une seconde fois de l'affaire en réglant cet incident. Il faut donc recourir à l'article 4 ci-dessus, et dire que la valeur attribuée annuellement par le Conseil général à la prestation en nature servira de base pour la conversion en sens inverse que nécessite notre article ; que si le subventionnaire n'a pas opté dans les délais prescrits, le montant de la subvention sera de droit exigible en argent, et que seulement l'indemnité pourra être convertie en tâches, si la commune le juge convenable, sans que le maître de l'exploitation ou de l'usine ait droit d'exiger la conversion.

Elles seront réglées annuellement. Ce dernier mot a été ajouté à la nouvelle loi sur l'observation faite que, contrairement aux décisions du Conseil d'État, certains Conseils de préfecture imposaient pour plusieurs années successives les propriétaires d'usines ou de forêts ; ce qui dégénérait en une espèce d'abonnement forcé qui

devait être proscrit par le double motif que portant sur
des éventualités, il ne pouvait être réglé d'une manière
juste, et que la loi chargeant le Préfet seulement en Conseil de préfecture, de conclure des abonnemens amiables,
il ne fallait pas donner au Conseil de préfecture, jugeant
comme tribunal, le droit d'en imposer lui-même de son
autorité.

Sur la demande des communes. D'après ce qui a
été dit plus haut, l'action appartiendra à toutes les
communes dont les chemins se trouveront dégradés,
même à d'autres que celles de la situation de l'établissement. Elle sera exercée par les Maires lorsqu'il s'agira
de chemins ordinaires, et par le Préfet lorsque les
dégradations auront été commises sur un chemin vicinal de grande communication. Comme ce fonctionnaire devient alors partie dans l'instance, il devra s'abstenir de prendre part aux délibérations du Conseil de
préfecture en sa qualité de président de ce tribunal. Il
serait à désirer que par rapport à toute espèce de chemins, l'action fût attribuée aux Préfets dans le cas de
silence trop ordinaire des communes. L'article 14 aurait dû leur conférer à cet égard un droit analogue à celui résultant de l'article 5.

Par les Conseils de préfecture. Il s'agit ici non plus
d'une simple affaire d'administration, mais d'un véritable litige qui rentre alors nécessairement dans les
attributions du Conseil de préfecture dont les fonctions ne sont pas d'administrer, mais de juger. Nous
verrons plus bas que les abonnemens sont réglés par le
Préfet en Conseil de préfecture; ce qui est très-diffé-
rent, puisqu'alors le Conseil ne juge pas, mais donne
un simple avis que le Préfet peut suivre ou non, tandis que quand une affaire est soumise directement à

ce Conseil, le Préfet, s'il y siège, n'est qu'un juge et n'a que sa voix comme un simple conseiller.

Après des expertises contradictoires. Conformément à l'art. 17 ci-après, les experts sont nommés, l'un par le Sous-Préfet, et dans les arrondissemens où il n'y en a pas, par le Préfet, et l'autre par le propriétaire; en cas de discord, le tiers-expert est nommé par le Conseil de préfecture.

Qu'arriverait-il si la partie intéressée refusait ou négligeait d'obtempérer à l'invitation du Sous-Préfet de nommer son expert.

Dans sa circulaire de 1836, pag. 83, M. le Ministre de l'intérieur décide « que comme la loi ne peut vou- « loir que l'opération soit empêchée par le fait d'une « des parties, il y aurait lieu, par le Sous-Préfet, de nom- « mer le second expert après que le refus ou la négli- « gence aurait été constaté. »

Tout en partageant l'avis de M. le Ministre sur la manière de lever la difficulté, nous ne pensons pas que la nomination de l'expert de la partie refusante doive être faite par le Sous-Préfet qui en nomme déjà un dans l'intérêt de la commune. Nous croyons que la désignation doit alors être faite d'office par le Conseil de préfecture chargé de nommer le tiers-expert en cas de discord. On doit suivre par analogie la marche tracée par l'article 55 du Code de commerce.

Est recouvrée comme en matière de contributions, c'est-à-dire au moyen d'une contrainte décernée par le percepteur et rendue exécutoire par le Préfet.

Par abonnement. C'est alors un contrat purement volontaire, dans lequel le Préfet, après avoir pris l'avis du Conseil de préfecture, agit comme tuteur de la commune et en son nom. A la différence de l'indemnité

fixée par le Conseil de préfecture après expertise et qui
ne doit être réglée que pour une année, l'abonnement
peut être consenti pour plusieurs années et même en
bloc et à forfait pour une opération déterminée, comme
pour la coupe d'une forêt. L'expertise n'est point indispensable ; le Préfet pourra éclairer sa religion par tous
les moyens qu'il jugera convenables, tels que visites
des lieux, rapports d'agens-voyers, expertises faites
pour des cas analogues, etc.

ARTICLE XV.

« Les arrêtés du Préfet portant reconnaissance et
« fixation de la largeur d'un chemin vicinal, attribuent
« définitivement au chemin le sol compris dans les li-
« mites qu'ils déterminent.

« Le droit des propriétaires riverains se résout en
« une indemnité qui sera réglée à l'amiable ou par le
« juge de paix du canton, sur le rapport d'experts
« nommés conformément à l'art. 17. »

Cet article et les deux suivans remplacent le second
paragraphe beaucoup trop laconique de l'art. 10 de
la loi de 1824, et règlent tout ce qui a trait aux expropriations qui pourraient devenir nécessaires dans l'intérêt des chemins communaux.

Trois cas se présentaient : celui d'ouverture ou de
redressement d'un chemin; celui de simple élargissement ou de reconnaissance d'un chemin déjà précédemment considéré comme vicinal, et enfin celui d'extraction de matériaux, de dépôt ou d'enlèvement de terres.

Le fait de l'autorité dans ces différentes hypothèses
portant une atteinte plus ou moins grande au droit de

propriété individuelle, des garanties plus ou moins étendues devaient être accordées par la loi à ce droit inviolable.

Lorsqu'il s'agira d'ouvrir un chemin non préexistant ou de le faire passer sur un terrain qu'il n'occupait pas précédemment, il y aura expropriation complète pour laquelle on devra suivre les formes de la loi du 7 juin 1833, sauf quelques modifications rendues nécessaires par le peu d'importance en général du fonds exproprié.

S'il ne s'agit au contraire que d'élever au rang de vicinal un chemin déjà public, ou de l'élargir, ce sera le Préfet seul qui prononcera, et l'indemnité qui pourrait être due au propriétaire sera réglée par experts.

Il en sera de même lorsqu'il s'agira d'extraction ou de dépôt de matériaux sur des propriétés situées en dehors du chemin.

La seconde hypothèse qui fait l'objet spécial de notre article peut donner lieu à l'examen d'une question de propriété. Une commune prétendant qu'un chemin est public et lui appartient, demande au Préfet de le déclarer tel en en fixant la direction et la largeur. Ce fonctionnaire, à l'aide d'enquêtes, de visites de lieux, d'anciens plans et autres documens, recherche et reconnaît la vicinalité ancienne; il fixe la largeur et l'emplacement, et déclare que l'ancien état de choses doit être maintenu ou rétabli parce que l'utilité publique l'exige.

Le propriétaire riverain peut avoir à se plaindre de cette décision sous différens rapports : ou parce qu'il soutient que le chemin préexistant ne doit pas être déclaré vicinal, et que c'est à tort qu'on veut l'élargir aux dépens de sa propriété; ou parce qu'il prétend qu'il n'a jamais existé de chemin public en cet endroit, que par exemple celui qui y était tracé était une simple

voie agraire établie par les propriétaires pour la desserte
de leurs fonds; ou enfin parce que, sans contester ni
l'utilité, ni l'existence même d'une voie vicinale, il
allègue, contrairement au dire de la commune, que
tout ou partie du chemin est pris sur un terrain qui lui
appartient.

Dans les deux premiers cas, le recours du particulier
devra être porté au Ministre et ensuite au Conseil d'état
par voie contentieuse; c'est une question entièrement
administrative quoique d'une très-grande importance,
surtout dans la seconde espèce, puisqu'il serait possible
qu'au lieu de reconnaître une vicinalité préexistante,
le Préfet en déclarât une nouvelle par voie indirecte,
ce qui serait priver les citoyens de la garantie qui leur
est offerte par l'art. 16 pour le cas d'ouverture de
chemins nouveaux ou de redressement, et rendre
ainsi illusoire la disposition bienfaisante de cet article.
Il paraît que cet abus possible n'a point touché le législateur, et nous croyons que c'est avec raison, surtout à
cause des recours multipliés qui sont ouverts.

Dans le dernier cas, la question de propriété qui est
ainsi soulevée, est entièrement du ressort de la justice
civile ordinaire. La commune ou le particulier devra
la porter devant les tribunaux de première instance,
juges de tous les litiges sur la propriété, sans que ces
tribunaux soient aucunement liés par l'arrêté du Préfet, et sans que leurs jugemens aussi puissent paralyser
l'effet de cet arrêté, lors même que le particulier serait
reconnu propriétaire; son droit consacré par un jugement se convertirait alors en une simple indemnité.

Le recours aux tribunaux civils sera aussi la seule
voie dont pourra désormais user celui qui, après avoir
contesté devant le Ministre et devant le Conseil d'état

dans le second cas ci-dessus, aura succombé devant ces juridictions.

Le second alinéa de notre article s'applique évidem-ment au cas où la commune reconnaît positivement et dès le principe, que tout ou partie de la largeur donnée au chemin par l'arrêté du Préfet ne lui appartient point et dépend au contraire de la propriété riveraine.

Mais lorsqu'après l'arrêté de déclaration de vicinalité, une contestation se sera élevée sur la propriété par-devant le tribunal civil, celui-ci, en reconnaissant que cette propriété appartient au voisin qui s'en trouve dé-possédé par l'acte administratif, sera-t-il obligé de ren-voyer au Juge de paix la fixation de l'indemnité; ou étant saisi de l'affaire, ne devra-t-il pas régler lui-même cette indemnité en faisant procéder à une expertise préalable suivant la forme prescrite par les art. 302 et suivans du Code de procédure civile ?

Malgré l'anomalie que présente la position d'un tri-bunal qui, saisi d'une contestation, est obligé d'en renvoyer une partie à une autre juridiction, nous pen-sons qu'à raison de la généralité des termes de la loi, et de la différence entre l'expertise organisée par l'art. 17 ci-après, et celle réglée par l'art. 302 du Code de pro-cédure, le Tribunal devra se borner à déclarer que la partie du chemin contestée appartient aux riverains, et qu'il sera obligé de renvoyer au juge de paix pour la fixation de l'indemnité. Le jugement qui intervient dans ce cas met les parties au même état que si dès le com-mencement la commune eût reconnu la propriété au profit du riverain.

Le règlement amiable se fera par une délibération du Conseil municipal, approuvée par le Préfet, comme

dans les cas d'indemnité pour cession de terrain en fait
d'alignement dans les villes et bourgs.

Le réglement judiciaire aura lieu pardevant le juge
de paix du canton dont la juridiction se trouve alors
prorogée, ainsi qu'il arrive dans les cas prévus par l'art.
10, tit. 3, de la loi du 24 août 1790; ce juge pourra
prononcer, à quelque valeur que s'élève la demande,
et sa décision sera, selon les règles de compétence ordinaire, en dernier ressort, si la demande du propriétaire
est déterminée et ne dépasse pas 50 francs; mais si elle
excède cette somme, ou si elle est indéterminée, lors
même que l'expertise la réduirait en définitive à ce
taux ou au dessous, le juge de paix ne pourra prononcer
qu'à la charge de l'appel qui sera porté, dans la forme
et dans les délais ordinaires, devant le tribunal de première instance.

M. Garnier a commis une erreur en disant, à la page
57 de son supplément au Traité des chemins, qu'il y
aura lieu à l'appel quand la sentence portera une condamnation excédant le taux du dernier ressort; c'est la
demande et non la condamnation qui doit alors être
prise en considération.

Par une dérogation aux principes du droit commun,
textuellement écrite dans l'art. 17, les experts ne seront
pas nommés par le juge de paix, mais celui de la commune sera choisi par le Sous-Préfet, l'autre par le propriétaire, et le tiers, qui ne devra être appelé qu'en
cas de discord, par le Conseil de préfecture.

La demande d'une indemnité contre la commune
étant une action purement mobilière, il faudra que
celui qui l'intentera obtienne préalablement la permis-
sion par écrit du Conseil de préfecture, conformément
à l'édit du mois d'août 1783, à l'arrêté du gouvernement

du 17 vendém. an X. — Avis du Cons. d'état des 3
juillet 1806-12 août 1807-26 mai 1813. — Circ. du
Min. de l'int. du 12 juillet 1806. — Ord. du 4 juin 1816-
6 nov. 1819. — Arrêt de cass. du 16 messidor an X.

Le juge de paix n'ayant mission que pour le règlement
de l'indemnité, si le fond du droit venait à être contesté
même incidemment devant lui, c'est-à-dire si les parties n'étaient point d'accord sur l'étendue du terrain
qui doit être compris dans le chemin ou qui n'appartient pas à la commune, l'incident sortirait de sa compétence et devrait être jugé préalablement, soit par le
Préfet, s'il s'agissait d'interpréter son arrêté, soit par le
tribunal civil, si la difficulté portait sur une question
de propriété. On rentrerait alors dans les termes du
droit commun, d'après lequel les questions administratives ne peuvent être jugées par les tribunaux civils, et
les questions de propriété, quelque modique qu'en soit
l'importance, par les juges de paix.

Nous adoptons l'opinion de M. Garnier sur le point
de savoir si l'indemnité doit être préalable à la dépossession. Il se décide pour l'affirmative lorsque l'on trouve
dans l'arrêté du Préfet, un aveu de l'innovation et de
la nécessité d'une dépossession, comme lorsqu'il prescrit le rélargissement d'un chemin qui existait déjà dans
des limites moins étendues. Mais il doit en être différemment lorsque l'arrêté ne fait que maintenir un
état de choses qu'il regarde comme préexistant, en
décidant que le chemin a toujours été vicinal avec
telles direction et largeur, et qu'il n'ordonne pas une
dépossession; dans ce cas le riverain pourra bien faire
juger la question de propriété contrairement à la décision du Préfet; mais alors il n'obtiendra le paiement de
l'indemnité qui lui sera due qu'après le jugement du

tribunal , et lorsque l'arrêté aura mis la commune en possession du chemin.

Une question qui a beaucoup d'analogie avec la précédente et qui s'applique également aux cas dés articles 15 et 16, est de savoir si l'arrêté du Préfet qui prescrit l'ouverture d'un chemin vicinal , déclare une vicinalité préexistante ou fixe les limites et la largeur d'un chemin, est sur-le-champ exécutoire, ou ne doit être exécuté que provisoirement, sauf le recours des parties intéressées, ou enfin peut être paralysé entièrement dans son exécution.

Trois cas sont à examiner :

1° Celui où le chemin qui est déclaré vicinal par le Préfet était déjà une voie publique et considérée comme telle.

2° Celui où la qualité de chemin public est contestée, quoiqu'il y ait cependant passage par le public.

3° Celui enfin où il est avoué que le chemin n'a jamais été public ; par exemple, lorsque le Préfet ordonne l'ouverture d'un chemin nouveau, ou lorsqu'il croit devoir convertir en chemin vicinal une avenue privée, ou un passage soit de servitude, soit de tolérance.

Au premier cas l'arrêté qui déclare la vicinalité est exécutoire sur-le-champ, sauf la réformation par le Ministre auquel les parties intéressées ont seulement le droit de s'adresser.

En pareille circonstance, les tribunaux ne peuvent pas être saisis, puisque le chemin étant déjà une voie publique , personne n'est dépossédé. Il est possible à la vérité, que le Préfet, en élargissant ou en redressant l'ancien chemin, englobe quelques parcelles des propriétés voisines ; mais ce n'est là qu'une expropriation partielle qui pourra donner lieu à des indem-

nités soit amiables, soit judiciaires, ou faire naître des
questions de limites et de propriété, mais qui ne sera
point un obstacle à l'exécution immédiate de la décision
préfectorale; l'accessoire devant en ce cas céder au
principal; seulement si le Préfet reconnaissait par son
arrêté qu'il y a occupation d'un terrain privé, la commune devrait, comme nous l'avons dit plus haut, offrir
préalablement l'indemnité; l'arrêté, dans ce cas, ne serait exécutoire provisoirement qu'à cette condition.

Dans la seconde hypothèse, celle où la nature de
chemin public est contestée entre le maire de la commune qui le soutient tel, et un ou plusieurs particuliers
qui prétendent au contraire que le chemin n'est qu'un
simple passage de tolérance ou de servitude dont le sol
leur appartient, l'arrêté du Préfet doit encore être exécuté sauf pourvoi au Ministre, sans que le recours à
l'autorité judiciaire puisse en paralyser ou en retarder
l'effet. — Ici la possession que nous supposons appartenir à la commune lui confère une apparence de droit
telle que cette commune doit être provisoirement
maintenue, sauf aux parties intéressées à faire ultérieurement statuer sur la question de propriété par l'autorité judiciaire.

La jouissance que le public a du chemin doit l'en
faire réputer propriétaire jusqu'à preuve du contraire,
et alors ce n'est plus par voie d'expropriation préalable
que la commune doit procéder. Si en définitive et
après l'exécution de l'arrêté du Préfet, les particuliers
étaient déclarés propriétaires, il y aurait lieu à leur
payer une indemnité réglée par experts, dans la forme
de l'article 15.

Il devrait encore en être de même si, en statuant sur
l'état d'un chemin préexistant pour le déclarer vicinal;

le Préfet ordonnait la rectification de son tracé, et le faisait passer en partie sur des portions de terrain plus ou moins considérables qu'il n'occupait pas auparavant.

Les propriétaires de ces terrains pourraient s'adresser au Ministre, mais non à l'autorité judiciaire, pour obtenir la maintenue dans leur possession. La raison en est que dans la rectification comme dans l'élargissement d'un ancien chemin, on ne peut voir que des circons-tances accessoires à la voie publique déjà existante, ce qui dispense de l'emploi des formes prescrites pour le seul cas où il s'agit de l'établissement d'un chemin qui n'existait point encore.

Telle est l'opinion de M. Dellaleau (*n*ᵒˢ 170 *et* 171 *de son Traité de l'expropriation pour cause d'utilité publique*), et de M. Proudhon (*Dom. publ.*, *n*ᵒ 564). Cette décision repose au surplus sur différens arrêts du Conseil d'état des 16 mai et 29 septembre 1810, 19 mai et 11 août 1811, 4 et 24 août 1812, 13 janvier 1813, 6 décembre 1820, 18 juillet 1821, 21 mai et 9 juin 1824, 16 février et 31 mars 1825, 11 janvier, 1ᵉʳ mars et 1ᵉʳ novembre 1826 et 24 janvier 1827, rapportés par Sirey et Macarel ; et sur un décret impérial du 16 janvier 1814.

Quant à la dernière hypothèse qui se présente lorsque le public n'a aucune possession, et que le Préfet recon-naît lui-même qu'il s'agit de l'ouverture d'un chemin nouveau, il n'y a pas de doute que l'exécution de l'ar-rêté ne doive être suspendue, et que la dépossession des particuliers ne puisse avoir lieu qu'après que le tribunal et le jury auront prononcé et que l'indemnité aura été payée. Les articles 15 de la loi du 8 mars 1810 et 14 de celle du 7 juillet 1833 imposent en effet aux tribunaux, l'obligation de surseoir à la dépossession des propriétaires tant que les formalités prescrites pour consommer l'expropriation n'ont pas été remplies. Le droit de propriété est sacré, et on ne peut pas concevoir que l'urgence d'ouvrir un chemin qui n'existait pas auparavant, puisse être telle que l'intérêt public exige qu'il soit porté arbitrairement atteinte à ce droit.

Dans la seconde hypothèse ci-dessus, nous n'avons examiné que la question d'exécution provisoire; mais il en reste une seconde au fond qui doit être portée pardevant les tribunaux civils, seuls compétens pour décider si un chemin est, quant au sol, la propriété de la commune, ou si au contraire il n'est qu'une voie de communication privée, un chemin de desserte appartenant aux propriétaires voisins, ou même un simple passage de servitude.

Quoique la solution de cette question ne rentre pas nécessairement dans l'explication de la loi du 21 mai 1836, cependant, comme elle se présentera très-fréquemment au sujet de son application, nous croyons utile de rappeler à cet égard quelques principes que nous emprunterons à l'excellent ouvrage de M. Proudhon sur le Domaine public.

Le caractère propre et distinctif d'un chemin public est de servir en tout temps de communication entre des lieux habités, par exemple de village à village, d'une section à une autre section de la même commune, ou d'un village à quelques hameaux, ou encore d'embranchement et de passage d'une route ou chemin public à un autre.

Ces chemins diffèrent des chemins communaux proprement dits, des voies agraires ou d'exploitation, et des passages à titre de servitude.

Ils diffèrent des premiers, en ce que ceux-ci dé-

pendans du domaine communal, n'ont été établis
que pour conduire les habitans sur des fonds dont la
jouissance leur est commune, par exemple à la forêt
communale, au pâturage dans un communal, à une
fontaine, à un lavoir, à un abreuvoir communs.

Ils diffèrent des voies agraires ou d'exploitation, en ce
que ces dernières ont été formées au moyen de l'abandon
que les propriétaires d'un territoire ont fait d'une partie
de leurs héritages pour faciliter l'accès, la culture et le
défruitement de ces mêmes héritages; ces voies constituent une propriété commune et indivise entre un
plus ou moins grand nombre d'individus et n'ont pour
objet que la desserte de fonds privés.

Ils diffèrent enfin des passages à titre de servitude, en
ce que ces passages ne sont établis que pour l'exploitation ou pour servir à la jouissance de certains héritages
spécialement connus et désignés. Dans ces chemins,
la charge est toute réelle, qu'on la considère acti-
vement ou passivement; c'est un fonds qui est débiteur
de l'autre; le passage ne peut être légitimement exercé
que par le propriétaire du fonds dominant, ou par celui qui l'exploite au nom du propriétaire.

D'après cela on voit que pour décider si un chemin
est public, il faut rechercher son origine et connaître
son usage et sa destination.

S'il communique d'un village à un autre village, s'il
tend à un hameau et même à une ferme ou à une maison isolée, s'il réunit deux chemins vicinaux ou des
routes, s'il ne vient pas se perdre dans un climat, s'il
est fréquenté en tout temps et saisons, de nuit comme
de jour et par tout le monde, soit par les propriétaires
d'héritages voisins, soit par les habitans de la commune,
soit par des personnes étrangères à cette commune,

il devra être réputé public et non pas seulement voie agraire, d'exploitation, ou de servitude.

D'autres circonstances accessoires serviront encore à déterminer son caractère, par exemple s'il est très-ancien ; s'il a été réparé et entretenu par la commune de la situation, comme le sont les chemins publics ; s'il a été signalé comme tel dans les anciens terriers et plans du territoire de la commune ou dans le cadastre ; s'il n'a point varié de place ; s'il a été donné comme confin dans des titres particuliers aux fonds qui le joignent ; s'il a été respecté lors de la culture ; si les héritages voisins sont clos sur ses bords, etc., etc.

Au reste, la largeur d'un chemin ne peut être d'aucune considération pour déterminer son caractère. Un simple sentier, d'un mètre ou moins de largeur, peut aussi bien être un chemin public qu'un large passage peut être une simple voie d'exploitation lorsqu'il n'a pour objet que la desserte de fonds privés.

Le caractère de voie publique reconnu à un chemin produit plusieurs effets importans :

Le premier, c'est que le sol sur lequel il est établi est en dehors du domaine de propriété et au rang dés fonds du domaine public et que, bien qu'appartenant aux communes, il ne doit point être confondu avec les autres immeubles de celles-ci, tels que bois et pâturages auxquels les habitans seuls ont droit.

Le second, c'est que la commune représentée par son maire a exclusivement qualité pour défendre aux demandes qui seraient formées par des voisins relativement à ces chemins, ou pour en revendiquer la possession et l'usage en cas d'anticipation ou d'usurpation.

Le troisième, c'est que la commune est dispensée de produire un titre pour en réclamer la propriété, et

qu'elle peut invoquer la prescription, sans qu'on puisse
lui opposer les articles 691 et 706 du Code civil, qui ne
sont relatifs qu'aux simples servitudes.

Le quatrième enfin et qui découle du précédent, est
que par rapport à ces chemins, la commune peut intenter l'action possessoire dans le cas où elle aurait été
troublée depuis moins d'un an, sans qu'elle soit obligée
d'apporter un titre ou de justifier d'enclave.

L'article 15 que nous examinons, portant que le
Préfet fixera la largeur des chemins vicinaux, sans lui
imposer de limite, il en résulte, comme nous l'avons
déjà dit, qu'il peut leur donner la largeur qu'il jugera
convenable, en prenant en considération la nature du
sol, la position du chemin, l'usage plus ou moins fré-
quent qui en sera fait.

C'est une erreur généralement répandue dans les
campagnes que tout chemin vicinal doit nécessairement
avoir 18 pieds de largeur; de telle sorte que s'il en a
davantage, les voisins peuvent impunément s'emparer
de l'excédant, comme aussi ils doivent fournir sans
indemnité la différence, dans le cas où cette largeur
n'existerait pas.

Aucune disposition législative n'a établi de règle à
cet égard. L'article 6 de la loi du 9 ventôse an XIII, qui
a probablement donné lieu à cette opinion, porte
seulement que l'administration publique fixera la largeur des chemins suivant les localités, sans pouvoir
cependant, lorsqu'il sera nécessaire de l'augmenter,
la porter au-delà de six mètres, ni faire aucun changement aux chemins qui excèdent actuellement cette
dimension.

Le législateur avait seulement fixé par là un maximum

pour le seul cas où il s'agirait d'augmenter la largeur
insuffisante d'un chemin ; mais rien ne prescrivait de
porter ou de réduire nécessairement à six mètres les
chemins plus ou moins larges qui existaient, et, dans le
fait, cette dimension a été rarement observée ; en sorte
que pour reconnaître si la largeur que le Préfet devra
attribuer à chaque chemin, donnera lieu à des expropriations partielles ou à des abandons de terrain avec
indemnités au profit ou à la charge des riverains, on ne
pourra partir d'une base uniforme et légale ; ce sera le
chemin en lui-même qu'il faudra examiner en consul-
tant les anciens plans, le cadastre, et en ayant égard
aux limites anciennes, telles que murs, bornes, fossés,
haies, arbres, empierremens, etc.

Sans doute, si dans son étendue un chemin présente
des largeurs inégales, il y aura lieu de supposer que des
anticipations ont été commises dans les parties les plus
étroites, et on pourra faire relâcher les terrains usur-
pés sans payer d'indemnité, parce que nous pensons
avec Pothier (*Traité de la Prescription, chap.* 1er,
part. 1re, n° 7), Denizart (*V° Chemin*), M. Proudhon
(*Traité du domaine public, chap.* 16), qu'autrefois
le sol des chemins vicinaux était imprescriptible comme
aujourd'hui. Mais lorsqu'il sera bien constant, d'après
des plans, des murs, etc., que le chemin n'a jamais eu
qu'une largeur inférieure à six mètres ou à toute autre
dimension que le Préfet prescrira, il faudra nécessairement indemniser les voisins du terrain qu'on prendra
sur leurs propriétés au-delà des limites actuelles,
comme aussi il y aura lieu de leur faire payer, conformément à l'article 19 ci-après, celui qui leur serait
abandonné dans le cas de réduction à six mètres ou
au-dessous d'un chemin actuellement plus large.

Nous pensons que la largeur de six mètres pour les chemins vicinaux ordinaires et de huit pour ceux de grande communication, non compris les fossés qu'il nous paraît de la plus grande utilité de creuser presque partout, sera généralement convenable, sauf à n'établir d'empierremens que sur environ un tiers de leur largeur.

On s'exagère ordinairement la perte résultant pour l'agriculture de la trop grande dimension donnée aux chemins; cependant chaque mètre de largeur ne produit en superficie, par lieue ancienne de cinq kilomètres, que 50 ares ou un journal 165 perches (mesure ancienne de Bourgogne.)

ARTICLE XVI.

« Les travaux d'ouverture et de redressement des
« chemins vicinaux seront autorisés par arrêté du Pré-
« fet.

« Lorsque, pour l'exécution du présent article, il
« y aura lieu de recourir à l'expropriation, le jury
« spécial chargé de régler les indemnités ne sera com-
« posé que de quatre jurés. Le tribunal d'arrondisse-
« ment, en prononçant l'expropriation, désignera
« pour présider et diriger le jury, l'un de ses membres
« ou le juge de paix du canton. Ce magistrat aura voix
« délibérative en cas de partage.

« Le tribunal choisira sur la liste générale, prescrite
« par l'article 29 de la loi du 7 juillet 1833, quatre
« personnes pour former le jury spécial et trois jurés
« supplémentaires. L'administration et la partie inté-
« ressée auront respectivement le droit d'exercer une
« récusation péremptoire.

« Le juge recevra les acquiescemens des parties.

« Son procès-verbal emportera translation définitive
« de propriété.

« Le recours en cassation, soit contre le jugement
« qui prononcera l'expropriation, soit contre la décla-
« ration du jury qui réglera l'indemnité, n'aura lieu
« que dans les cas prévus et selon les formes détermi-
« nées par la loi du 7 juillet 1833. »

La disposition de cet article s'applique à la première
hypothèse que nous avons annoncée au commencement
du commentaire de l'art. précédent, celle où, de l'aveu
même du Préfet, il n'existait aucun chemin communal
antérieurement, et où la dépossession d'une propriété
privée est patente. L'ordre logique aurait peut-être exigé
que cet article eût été placé avant le précédent; on aurait ainsi parcouru du plus au moins important, les trois
cas dans lesquels l'établissement d'un chemin porte
atteinte à la propriété privée.

L'hypothèse du redressement d'un chemin peut
paraître devoir se confondre quelquefois avec celle du
rélargissement, l'augmentation ayant lieu souvent pour
arriver au redressement. Voici cependant selon nous
la différence qui existe : il y aura redressement dans
le sens de la loi, non lorsqu'on se rapprochera de la
ligne droite en faisant disparaître, par une simple augmentation de largeur, une légère courbe ou anfrac-
tuosité, mais lorsque, joignant par la ligne la plus
courte, deux points d'un chemin déjà établi, on aban-
donnera dans une partie l'ancien tracé et que l'on ou-
vrira une communication à une certaine distance, dans
un fonds où elle n'existait point précédemment. Le
redressement alors est, dans la partie qui en fait l'objet,
une véritable ouverture de chemin.

Lorsqu'il s'agit d'une atteinte aussi grave au droit de
propriété que celle dont s'occupe notre article, on a
dû multiplier les garanties et conserver en partie celles
créées par la loi du 7 juillet 1833, rel·tive à l'expropriation pour cause d'utilité publique, en retranchant
toutefois les formes et les précautions minutieuses
qu'exigeaient de grands intérêts, assez rarement en jeu
lorsqu'il ne s'agit que de l'ouverture d'un chemin
rural.

Ainsi, d'une part, il faudra toujours la reconnaissance d'utilité publique, émanant du pouvoir administratif, la dépossession par les tribunaux civils, la fixation
de l'indemnité par un jury et le paiement préalable de
cette indemnité. Mais, d'un autre côté, la loi qui est nécessaire pour les grands travaux publics, tels que routes, canaux, etc., et l'ordonnance royale qui est exigée
pour d'autres ouvrages moins importans, seront rem-
placées par un simple arrêté du Préfet; les enquêtes
administratives *de commodo et incommodo* qui doivent
précéder ces lois et ordonnances, sont supprimées,
ainsi que les attributions spéciales de la Commission
établie par l'article 8 de la loi de 1833; le jury, au lieu
d'être composé de douze membres, n'en aura que
quatre, et le juge de paix du canton pourra être appelé
à remplir les fonctions de directeur de ce jury.

D'ailleurs les formes à suivre par le tribunal et par
le jury sont celles déterminées par la loi de 1833, avec
les seules modifications qui sont apportées par notre
article. En conséquence seront applicables les dispositions contenues dans les titres III, IV, V et VI de la
loi, à l'exception du § 2, art. 14, de l'art. 20, des
deux premiers § de l'art. 30, d'· · · partie de l'art. 34,
de l'art. 35 et d'une modification aux articles 41 et 42.

(Voyez pour l'explication de ces dispositions et la solution des difficultés qu'elles peuvent faire naître, le
Traité de l'expropriation pour cause d'utilité pu-
blique, de M. Dellaleau.)

La dernière disposition de notre article 16, qui a
été ajoutée sur la proposition de M. le comte Portalis,
n'est autre chose qu'un renvoi spécial aux articles 20
et 42 de la loi de 1833, et est tout-à-fait superflue,
du moment où on était dans la nécessité de recourir à
cette loi pour tous les autres articles que nous venons
de citer.

La loi du 28 juillet 1824, beaucoup moins complète
pour le cas d'expropriation que les art. 15, 16 et
17 de la loi nouvelle, contenait une disposition qui
n'a point été reproduite par cette dernière, et qui n'en
doit pas moins rester en vigueur ; c'est celle relative
aux acquisitions, aliénations et échanges ayant pour
objet les chemins vicinaux, et qui porte que ces contrats seront autorisés par arrêté des Préfets en Conseil
de préfecture, après délibération des Conseils municipaux intéressés, et après enquête *de commodo et*
incommodo, lorsque la valeur des terrains à acquérir,
à vendre ou à échanger n'excédera pas 3000 fr.

Le droit accordé par cet article au Préfet, et qui
est une dérogation à la règle générale écrite dans les
art. 7 de la loi du 10 août 1791, 21 de celle du 24
avril 1793, et dans la loi du 2 prairial an v, qui veulent
que les communes ne puissent ni acquérir, ni aliéner
d'immeubles sans y être autorisées par une loi spéciale,
est extrêmement utile, surtout pour les échanges de
terrain à faire, lorsqu'il s'agit de redressement ou de
changement de direction de chemins.

M. le Ministre de l'intérieur , en reconnaissant

comme nous, dans sa circulaire de 1836, article 15,
pag. 96, que la disposition dont nous venons de parler
est toujours subsistante, ajoute que « seulement il
« n'y a plus lieu de faire procéder à l'enquête *de com-
« modo et incommodo* pour les acquisitions à faire en
« vertu de l'article 15 de la loi du 21 mai 1836,
« puisque les arrêtés préfectoraux ont aujourd'hui
« pour effet d'attribuer définitivement au chemin le
« sol compris dans les limites réglées, et que par
« application du même principe, les Préfets ne sont
« plus restreints pour ces acquisitions, ou pour parler
« plus exactement, pour ces indemnités, dans la li-
« mite de la valeur de 3000 francs fixée par la loi
« de 1824; que dès que la loi de 1836 a donné aux
« arrêtés de reconnaissance et de fixation de largeur
« des chemins le droit d'incorporer au chemin le sol
« qui est nécessaire à la circulation, il faut que ces
« arrêtés soient exécutoires dans toute leur étendue. »

D'après cette solution qui nous paraît en effet découler nécessairement des principes posés dans les articles 15 et 16 de la loi nouvelle, le Préfet, soit
que les propriétaires consentent ou non, pourra seul
et sans le concours du Conseil de préfecture, autrefois
nécessaire, arrêter l'ouverture ou le redressement d'un
chemin, lors même que le prix des terrains sur lesquels il s'étendra excéderait 3000 fr.

Les communes, ainsi que nous l'avons dit plus haut,
devant fournir le terrain nécessaire pour l'établissement des chemins traversant leur territoire, il en
résulte que lorsqu'il en faut venir à une expropriation forcée, c'est le maire de la commune de la situation du terrain à acquérir qui est partie dans la
cause où le prix du fonds devra être judiciairement

fixé; et que c'est en son nom ou contre lui que la procédure devra être faite.

L'expropriation n'étant point une simple action communale, mais aussi et principalement une action publique intentée sous la délégation du Préfet chargé de pourvoir à l'établissement du chemin, l'autorisation de ce magistrat, sans délibération du Conseil municipal et du Conseil de préfecture, sera suffisante pour donner qualité au maire. On conçoit l'intervention du Conseil de préfecture, lorsqu'il s'agit d'un procès ordinaire que la commune peut ou non soutenir; mais ici elle serait superflue, puisque l'arrêté du Préfet qui ordonne l'ouverture ou l'élargissement d'un chemin, impose une nécessité que ce Conseil ne peut empêcher ou paralyser.

Sur les questions de savoir à la charge de qui sont les frais d'expropriation, dans quels cas et depuis quelle époque courent les intérêts de l'indemnité qui n'a pas été payée sur-le-champ, voyez les art. 23, 40 et 55 de la loi du 7 juillet 1833, où ces points sont résolus.

Sur les règles à suivre pour la fixation des indemnités en cas d'expropriations partielles, de dépréciations de valeur ou de plus value résultant de l'ouverture d'un chemin, de destruction de plantations ou d'édifices, voyez également le chapitre 3 de ladite loi, ainsi que le titre XI de la loi du 16 septembre 1807 sur le desséchement des marais.

ARTICLE XVII.

« Les extractions de matériaux, les dépôts ou enlè-
« vemens de terre, les occupations temporaires de

« terrains, seront autorisés par arrêté du Préfet, le-
« quel désignera les lieux; cet arrêté sera notifié aux
« parties intéressées au moins dix jours avant que son
« exécution puisse être commencée.

   « Si l'indemnité ne peut être fixée à l'amiable, elle
« sera réglée par le Conseil de préfecture, sur le rap-
« port d'experts nommés, l'un par le Sous-Préfet,
« et l'autre par le propriétaire.

   « En cas de discord, le tiers expert sera nommé
« par le Conseil de préfecture. »

Cet article, qui s'applique à des cas beaucoup moins
graves que ceux prévus par les deux articles précédens,
résout plusieurs difficultés qui naissaient de l'insuffisance de la législation antérieure.

La loi du 6 octobre 1791 portait (art. 1, sect. 6) :
« Les agens de l'Administration ne pourront fouiller
« dans un champ pour y chercher des pierres, de la
« terre ou du sable nécessaires à l'entretien des grandes
« routes ou autres ouvrages publics, qu'au préalable
« ils n'aient averti le propriétaire, et qu'il ne soit
« justement indemnisé à l'amiable ou à dire d'experts,
« conformément à l'art. 1 du présent décret. »

L'art. 55 de la loi du 16 septembre 1807 ajoute :
« Les terrains occupés pour prendre les matériaux
« nécessaires aux routes ou aux constructions publi-
« ques, pourront être payés aux propriétaires comme
« s'ils eussent été pris pour la route même. Il n'y
« aura lieu à faire entrer dans l'estimation la valeur
« des matériaux à extraire, que dans les cas où l'on
« s'emparerait d'une carrière déjà en exploitation;
« alors lesdits matériaux seront évalués d'après leur
« prix courant, abstraction faite de l'existence et des

« besoins de la route pour laquelle ils seraient pris,
« ou des constructions auxquelles on les destine. »

Art. 56. « Les experts pour l'évaluation des in-
« demnités relatives à une occupation de terrain, dans
« les cas prévus au présent titre, seront nommés.....
« quant aux travaux des villes, un par le proprié-
« taire, un par le maire de la ville, et le tiers-expert,
« par le Préfet. »

Art. 57. « Le contrôleur et le directeur des contri-
« butions donneront leur avis sur le procès-verbal d'ex-
« pertise, qui sera soumis, par le Préfet, à la délibéra-
« tion du Conseil de préfecture; le Préfet pourra, dans
« tous les cas, faire faire une nouvelle expertise. »

L'article 4 de la loi du 28 pluviôse an VIII charge
le Conseil de préfecture de prononcer « sur les ré-
« clamations des particuliers qui se plaindront de torts
« et dommages procédant du fait personnel des en-
« trepreneurs et non du fait de l'Administration, ainsi
« que sur les demandes et contestations concernant
« les indemnités dues aux particuliers à raison des
« terrains pris ou fouillés pour la confection des che-
« mins, canaux et autres *ouvrages publics.* »

Enfin, les art. 438 à 442 du second projet de Code
rural, contiennent diverses dispositions d'exécution qui
jusqu'à présent n'ont point été sanctionnées par le
législateur.

Ces textes avaient donné lieu à la question de savoir, si l'occupation de terrains pour extraction de matériaux était soumise aux formalités prescrites en matière d'expropriation pour cause d'utilité publique.

Notre article, adoptant la jurisprudence fixée par
divers arrêts du Conseil d'Etat, des 25 avril 1820,
24 octobre 1821, et 6 août 1823, décide la négative

8

lorsqu'il ne s'agit que d'une occupation temporaire de terrain.—Mais si l'occupation devait être perpétuelle, ou si l'extraction de matériaux devait être si fréquente et si étendue que l'Administration jugeât elle-même indispensable d'exproprier les propriétaires, il faudrait recourir aux formes prescrites par l'art. 16 qui précède, et qui, selon nous, doivent s'appliquer à toute acquisition des terrains nécessaires non-seulement à l'ouverture ou au redressement d'un chemin, mais encore à la simple extraction des matériaux destinés à la confection des travaux, sans que la commune soit obligée, dans ce dernier cas, d'invoquer la loi du 7 juillet 1833.

Nous croyons aussi que la fixation du simple dédommagement, dû à raison de la dépréciation occasionnée à des fonds privés par l'exécution de travaux concernant les chemins vicinaux, serait de la compétence des Conseils de préfecture; un arrêt du Conseil, du 22 janvier 1823, l'a ainsi décidé pour les travaux publics.

Le Code rural de 1791, obligeant seulement les entrepreneurs à prévenir le propriétaire du champ où ils veulent fouiller, et la loi du 16 septembre 1807, ne les assujettissant à aucune formalité, on avait soutenu qu'ils pouvaient se dispenser de prévenir le maître du fonds, et de lui payer préalablement l'indemnité.

Le premier point est résolu en faveur du propriétaire par notre article qui veut que l'arrêté du Préfet désigne les lieux, et que cet arrêté soit notifié aux parties intéressées, au moins dix jours avant sa mise à exécution.

Il est fâcheux que la loi ne se soit pas également

expliquée sur le second point relatif au paiement préalable de l'indemnité; malgré ce silence, nous pensons avec M. Garnier, qu'à moins d'impossibilité absolue, résultant de l'urgence des travaux et des incidens élevés par le propriétaire, le paiement de l'indemnité doit précéder les travaux et les enlèvemens.

D'anciens réglemens exceptaient les lieux clos, et autant que possible, les bois, des endroits où les dépôts et enlèvemens de matériaux peuvent être faits. On pense que cette disposition doit encore être observée; elle a été implicitement consacrée en matière de travaux faits par l'État, dans un arrêt du Conseil du 4 juin 1823, qui rejette l'opposition d'un particulier, fondée sur le fait de clôture, par le motif unique que sa propriété n'était pas close de toutes parts.

Pour que l'action qu'un propriétaire peut être dans le cas d'exercer, soit du ressort du Conseil de préfecture, il faut deux conditions simultanées : l'une que les dégradations ou dommages soient du fait d'un entrepreneur de travaux publics ou communaux ou de ses préposés , et l'autre qu'ils aient eu lieu à l'occasion de travaux publics. C'est ainsi qu'un arrêt du Conseil, du 30 juin 1824, a décidé que la réclamation d'un particulier, dont l'héritage avait été pacagé par les chevaux d'un entrepreneur de travaux publics, était du ressort des tribunaux.

Mais aussi, lorsque les deux conditions ci-dessus se rencontrent, toutes les difficultés qui peuvent s'élever entre l'entrepreneur et les propriétaires, rentrent dans les attributions du Conseil de préfecture. Ainsi, ce Conseil est compétent pour statuer dans les cas suivans :

1° Lorsque l'entrepreneur extrait des matériaux ou fait des dépôts dans des lieux autres que ceux spécialement désignés par l'administration. (*Arrêt du Conseil du 27 avril 1825.*)

2° Lorsqu'en exécutant ses travaux, l'entrepreneur ou ses ouvriers causent du dommage aux propriétés voisines, soit par des éboulemens, soit par des passages indus et dommageables. (*Arrêts du même Conseil des 30 mars 1812, — 19 août, 6 septembre et 16 octobre 1813, — 23 juin 1819 et 16 novembre 1825.*) Dans les espèces de ces derniers arrêts, l'entrepreneur avait traversé des propriétés privées avec sa voiture pour aller chercher au-delà des matériaux ou exécuter des travaux.

3° Lorsqu'une inondation de propriétés a été produite par la mauvaise construction d'un pont de service provisoire pendant les travaux. (*Arrêt du 27 août 1823.*)

4° Lorsque les matériaux enlevés par l'entrepreneur ont déjà été extraits ou amassés par un particulier, même non propriétaire du terrain sur lequel ils sont déposés.

5° Enfin, lorsqu'il s'agit, non pas seulement de réparation au sol même du chemin, mais aussi de travaux qui peuvent en être considérés comme un accessoire, tels que ponts, aqueducs, etc. (*Arrêt du Conseil du 13 juillet 1825.*)

Le Conseil de préfecture serait aussi compétent pour décider si réellement les matériaux extraits sont ou non destinés à l'entretien du chemin, et si celui qui les a extraits est, ou non, l'entrepreneur ou le préposé de l'entrepreneur de la route. (*Arrêt du Conseil du 17 janvier 1814.*)

Mais s'il s'élevait une contestation sur le point de savoir si les matériaux appartiennent à ceux qui en ré-

clament le prix, cette question de propriété devrait
être portée devant les tribunaux qui seulement ren-
verraient devant le Conseil de préfecture, pour la fixation de leur valeur. Il en serait encore de même par
rapport aux contestations qui s'élèveraient entre un
entrepreneur et un particulier sur l'exécution d'une
convention faite entre eux pour l'extraction ou le dépôt de matériaux nécessaires à un chemin. (*Arrêt
du Conseil du 4 juin* 1823.)

L'arrêté du Préfet devra être notifié dix jours au
moins avant l'exécution, afin que les parties intéressées puissent se pourvoir contre la mesure.

L'expertise organisée par cet article diffère de celle
établie par l'art. 56 de la loi du 16 septembre 1807,
en ce que l'expert de l'Administration est nommé,
non par le Maire, mais par le Sous-Préfet, et en ce
que le tiers-expert est au choix, non du Préfet, mais
du Conseil de préfecture, ce qui devait être d'après
les principes de compétence que nous avons exposés
plus haut pour ces deux autorités, puisqu'il s'agit ici
d'une affaire contentieuse sortant des bornes d'une
simple administration.

On pense que les experts devront remplir les conditions exigées par le titre 14 du livre 2 de la 1re partie
du Code de procédure, et que les motifs de récusation indiqués dans l'art. 310 de ce Code leur seront applicables ; mais ils seront dispensés de la formalité de
la prestation de serment qui, en général, n'a lieu que
pour les experts nommés en justice.

ARTICLE XVIII.

« L'action en indemnité des propriétaires pour les
« terrains qui auront servi à la confection des chemins
« vicinaux et pour extraction de matériaux, sera pres-
« crite par le laps de deux ans. »

Plusieurs questions peuvent se présenter sur l'application de cet article qui n'était pas dans le projet du
Gouvernement, et dont la disposition dérogatoire au
principe général écrit dans l'art. 2262 du Code civil,
a été déterminée par le peu d'importance en général
de l'indemnité et par la nécessité de mettre les communes à l'abri de réclamations tardives pour lesquelles les bases d'appréciation manqueraient.

1° Cette disposition, applicable aux trois cas des art.
15, 16 et 17, c'est-à-dire à ceux d'ouverture, de redressement et d'élargissement d'un chemin, ainsi que
d'extraction, de dépôt de matériaux et d'occupation
temporaire de terrain, peut-elle être invoquée aussi
bien, lorsque les travaux n'ont point été autorisés par
arrêté du Préfet, que lorsque ce préliminaire a été
rempli? Nous le pensons : la disposition de la loi étant
générale et ne faisant aucune distinction.

2° La prescription de deux ans frappe-t-elle sur l'action même qu'aurait un propriétaire pour attaquer une
dépossession prononcée à son préjudice, ou seulement
sur l'indemnité lorsqu'elle a été réglée, mais qu'elle
n'est point payée ? Par exemple, une commune, en
vertu d'un arrêté du Préfet, a réuni à son chemin une
portion de l'héritage voisin ou a extrait des matériaux
dans cet héritage ; n'aura-t-on que deux ans pour agir

contre elle, comme on n'aurait que ce laps de temps pour lui demander le paiement d'une indemnité qui aurait été réglée?

Nous croyons encore que la prescription de deux ans est applicable à ces deux cas, aussi bien à l'action en fixation d'indemnité qu'à celle en paiement de cette indemnité; la loi n'admettant point d'action en revendication, convertissant *ipso facto* tous les droits du propriétaire dépossédé en simple indemnité pécuniaire, et ne distinguant point entre l'action en fixation d'indemnité et celle en paiement de l'indemnité déjà fixée.

3º À partir de quel jour devra courir le délai de deux ans? M. Garnier (*p. 67, supplément au Traité des chemins*), décide d'une manière générale que ce sera du jour de la dépossession, de l'extraction des matériaux, etc., enfin du fait même qui causera du préjudice au propriétaire.

Cette solution nous paraît trop étendue, et nous croyons qu'il faut faire une distinction. Nous l'admettons, lorsqu'il s'agit d'une espèce de voie de fait de la part de la commune, parce que le fait matériel est la seule chose qui prévienne le propriétaire, qui le dépossède, et qui par conséquent le mette en demeure de réclamer. — Mais lorsque l'indemnité a été réglée par le jury, par le juge de paix ou par le Conseil de préfecture, nous croyons que l'action en paiement se prescrira par le laps de deux ans, à partir de la notification de l'acte de fixation, lors même que le fait matériel de dépossession aurait eu lieu beaucoup plus tard ou ne serait pas encore accompli.

La prescription est fondée sur la présomption d'abandon d'un droit ouvert; elle doit donc courir à partir du

jour où ce droit aurait pu commencer à être exercé.
Quand l'arrêté du Préfet a donné ou réuni au chemin une
portion d'héritage privé, il dépossède le propriétaire
dont le droit se convertit à l'instant en une simple indemnité pécuniaire qu'il peut aussitôt réclamer. La
prise de possession de fait de la part de la commune
est ensuite une chose insignifiante, quant à la translation de propriété opérée au moment même de l'acte
administratif et qui est la véritable cause de l'indemnité. Par la fixation, l'indemnité devient une créance
mobilière totalement distincte de la propriété ou de la
possession du fonds qui y a donné lieu, ainsi que le
démontre l'art. 685 du Code civil, pour le cas de passage nécessaire.

Vainement, en disant que le propriétaire exproprié
n'est réellement fondé à demander le paiement de son
indemnité qu'au moment où on veut le déposséder de
fait, on opposerait la maxime tirée de la loi V, § 6,
ff. *de doli mali excep.*, que les actions qui sont prescriptibles par un certain laps de temps, deviennent
perpétuelles lorsqu'elles sont proposées par voie d'exception.

Il n'y a lieu en effet à l'application de cette maxime,
que dans le cas où, comme le dit Henrys (*tom.* 2,
quest. 178), il s'agit d'exceptions viscérales et con-
nexes qui procèdent de la chose même, s'attachent à
l'action pour la détruire, et en sont tellement dépen-
dantes qu'elles ne doivent être proposées que par
forme de défense, sans pouvoir jamais devenir l'objet
d'une demande principale. Dans ce cas, elles durent
autant que l'action directe. Mais lorsque la réclamation est indépendante de toute autre action contraire,
qu'elle peut être proposée séparément et principale-

ment, et qu'aucun obstacle légal ne s'oppose à son exercice, alors elle se prescrit par le laps de temps qui lui est propre, soit qu'elle forme l'objet d'une demande principale, soit qu'on la présente par voie d'exception. « Je demande à un journalier, dit ce ju-
« dicieux auteur, le paiement d'une obligation ; il ex-
« cipe de quelques salaires ; cette exception n'est point
« viscérale, c'est plutôt une nouvelle action qu'excep-
« tion ; et c'est pourquoi si ce qu'on oppose et qu'on
« voudrait compenser est hors le temps d'en faire de-
« mande, s'il y a plus de deux ans, cette exception
« n'est pas recevable, et l'on ne peut pas dire que *quæ*
« *sunt annalia ad agendum sunt perpetua ad exci-*
« *piendum.* »

Dans l'espèce que nous examinons, le propriétaire exproprié pouvait se faire payer son indemnité aussitôt après le réglement, quoiqu'il ne fût point dépossédé de fait ; s'il ne l'a point exigée dans le délai de deux ans que la loi lui accordait, il ne pourra ni la réclamer postérieurement lorsqu'on lui ôtera la possession pure-ment de fait qu'il avait conservée de sa chose, ni re-fuser la délivrance de cette chose.

4° Quel doit être l'effet de l'abréviation du délai de la prescription résultant de l'article qui nous occupe, par rapport aux indemnités dont le principe remonte à une époque antérieure à la promulgation de la loi nouvelle ? La prescription sera-t-elle acquise par le laps de deux ans, à partir de cette promulgation ; ou au contraire, l'art. 2281 du Code civil sera-t-il applicable à ce cas, et faudra-t-il que le délai de 30 ans exigé par la loi ancienne, à partir du jour de l'expropriation, se soit écoulé ?

Une question analogue, qui s'était présentée lors

de la promulgation de l'article 189 du Code de commerce, lequel réduit à cinq ans la prescription autrefois trentenaire des billets à ordre, a été résolue en
sens divers par la jurisprudence. Des arrêts de la Cour
de Rouen, du 31 septembre 1813, de la Cour de
Bruxelles, du 2 février 1821, de celle de Paris, des
21 février et 2 mai 1816, ont décidé que l'article 2281
du Code civil n'était pas applicable à ce cas, et que la
prescription était acquise par cinq ans, à partir de l'é-
mission du Code de commerce. Trois arrêts de la
Cour de cassation, des 12 juin 1822, 21 juillet 1824
et 20 avril 1830, ont jugé le contraire.

MM. Merlin (*t. 17, p. 413 du Rép. de jurisp.*), et
Troplong (*Tr. de la prescr.*, n° 1077), s'élèvent avec
force contre cette dernière doctrine que nous ne saurions non plus partager. « Si une loi nouvelle, dit
« M. Blondeau dans une dissertation sur l'effet ré-
« troactif, insérée dans le tom. ix du Recueil de Sirey
« (*2ᵉ part.*, *pag.* 286), vient changer les délais ac-
« cordés pour exercer une action, elle ne peut em-
« pêcher l'effet de ceux qui sont déjà accomplis; mais
« tous les délais qui sont seulement commencés, doi-
« vent, pour ce qui reste à courir, être régis par la
« loi nouvelle avec cette restriction, que si elle en di-
« minue la durée, les individus qui avaient encore, au
« moment de la loi nouvelle, un délai plus long que
« celui déterminé par cette loi, devront conserver au
« moins tout le délai qu'elle accorde, de manière
« que ce délai commence à courir à l'instant même de
« la publication de la loi. En effet, on ne peut pas
« leur reprocher de n'avoir pas agi sous la loi ancienne,
« puisqu'ils avaient un délai indéfini ou très-long. Mais
« ces individus n'auraient aucune excuse s'ils restaient

« inactifs pendant tout le délai que la loi nouvelle a
« jugé suffisant. »

La jurisprudence de la Cour de cassation sur la prescription des billets à ordre est d'autant plus extraordinaire, que la même Cour a professé une opinion tout
opposée, relativement aux prescriptions établies en
matière d'enregistrement. Par arrêt du 3o novembre
1813 (*Sirey, tom.* 14-1, *pag.* 75), elle a décidé que
les droits de mutation dus à raison d'une succession
ouverte sous l'empire d'une loi, exigeant une prescription décennale, avaient été prescrits par le laps de cinq
ans, à dater de la promulgation de la loi du 22 frimaire
an vii, qui a réduit le délai de la prescription à ce laps
de temps.

On doit donc dire, sans égard à l'art. 2281 du Code
civil, que ceux auxquels il a été pris antérieurement
à la présente loi des terrains ou des matériaux pour l'é-
tablissement, le rélargissement, ou la réparation d'un
chemin vicinal, n'auront que deux ans, à partir de
la promulgation de cette loi nouvelle, pour réclamer
l'indemnité, sans qu'ils puissent même jouir de ce délai, si l'expropriation remontait à plus de vingt-huit
ans, cas auquel ils n'auraient plus pour agir que ce qui
leur resterait pour parfaire les trente années, à dater
du jour de l'expropriation.

5° Lorsque l'arrêté du Préfet n'ordonnera ni une
ouverture ou redressement, ni un élargissement, mais
qu'il reconnaîtra seulement une vicinalité ancienne
qu'il fera remonter à une époque plus ou moins éloignée, à partir de quelle époque courront les deux
ans?

Nous pensons que ce sera à dater du jour où le propriétaire aura été dépossédé de fait, et où le public se

sera emparé de sa propriété, bien que l'arrêté de reconnaissance de vicinalité ne soit intervenu que plusieurs années après; parce que, comme un jugement,
cet acte n'est que déclaratif d'un fait préexistant et non
attributif d'un droit nouveau. Sans doute le propriétaire qui voudra agir pourra attaquer l'arrêté du Préfet comme énonciatif d'un fait faux; il pourra aussi
contester le fait de passage et de possession de la part
de la commune; mais nous raisonnons dans l'hypothèse
où l'arrêté du Préfet sera maintenu et où le fait sera
parfaitement établi.

6° La prescription de deux ans dont il s'agit, courra-
t-elle contre les mineurs et les interdits, sauf leur recours contre leurs tuteurs?

Pour l'affirmative, on peut invoquer l'art. 2278 du
Code civil, qui semble avoir érigé en principe, que
toutes les prescriptions de courte durée couraient même
contre les personnes privilégiées. Cependant la négative, qui résulte d'ailleurs des explications données à
la Chambre des Députés, à la séance du 8 mars 1836,
doit être adoptée par la raison que l'art. 2278 du Code
civil est une disposition exceptionnelle au principe posé
dans l'article 2252, et qui par conséquent doit être
restreinte aux cas qui en font spécialement l'objet.

7° Quoique l'article 18 ne parle en termes exprès
que des propriétaires, il n'y a pas de doute que les
usufruitiers, locataires ou fermiers qui, selon les cas,
peuvent aussi bien que le propriétaire réclamer des indemnités, en vertu des trois articles précédens, ne
soient comme lui soumis à la prescription de deux
ans; ce sont ici des ayant-droit ou représentans jouissant des mêmes avantages, et soumis aux mêmes obligations que celui dont ils tiennent la place.

ARTICLE XIX.

« En cas de changement de direction ou d'abandon
« d'un chemin vicinal en tout ou partie, les proprié-
« taires riverains de la partie de ce chemin qui cessera
« de servir de voie de communication, pourront faire
« leur soumission de s'en rendre acquéreurs et d'en
« payer la valeur qui sera fixée par des experts nom-
« més dans la forme déterminée par l'art. 17. »

L'acte par lequel un chemin perd sa qualité de vicinal et par suite les privilèges qui y sont attachés,
prend le nom de déclassement et rentre dans les attributions de l'autorité à laquelle appartient le droit
de prononcer le classement. Il ne s'agit en effet que
de rapporter un acte administratif, ce qui ne peut
avoir lieu que par celui qui l'a fait ou par ses succes-
seurs.

D'après cela et pour connaître la forme dans laquelle doit se faire le déclassement, il faut distinguer
entre les chemins vicinaux ordinaires et ceux de grande
communication.

Pour les premiers, un arrêté préfectoral suffit ; cependant il est nécessaire de le faire précéder d'une
formalité qui n'est point exigée pour le classement et
dont il est facile de comprendre la justice.

Lorsqu'il s'agit d'admettre une communication au
rang des chemins vicinaux, une délibération du Conseil
municipal suffit pour déterminer la décision du Préfet,
parce que le public et les communes voisines ne peuvent trouver que de l'avantage à obtenir une voie de
communication de plus. Lorsqu'au contraire il s'agit

de déclasser un chemin et par suite de dispenser la commune de l'obligation de pourvoir à son entretien, le public et les communes voisines peuvent avoir intérêt à s'opposer à un projet qui tend à les priver d'une voie de communication dont ils étaient en jouissance.

Avant donc de prononcer le déclassement, il faudra faire délibérer les Conseils municipaux des communes qui peuvent avoir intérêt à la conservation de ce chemin ; et s'il n'y a pas unanimité dans les délibérations, une enquête dans laquelle tous les intéressés pourront déduire leurs motifs d'opposition, deviendra nécessaire.

Quant aux chemins vicinaux de grande communication, leur déclassement qui pourra être motivé par le refus des communes et des particuliers de réaliser les offres pécuniaires qu'ils avaient faites, ou parce qu'une circonstance imprévue, telle que l'établissement d'une route royale ou départementale parallèle, leur aura fait perdre l'importance qu'ils avaient dans le principe ; ce déclassement, disons-nous, est prononcé par le Conseil général, sur la proposition du Préfet, d'après l'avis des Conseils municipaux et des Conseils d'arrondissement.

L'effet du déclassement ne portera directement que sur le caractère du chemin et non sur sa destination, et ne sera pas de rendre nécessairement le sol à l'agriculture. Lorsqu'il s'agira d'un chemin de grande communication, il redeviendra seulement un simple chemin vicinal, auquel seront applicables les dispositions de la section 1re de la loi.

Lorsqu'il sera question d'un chemin vicinal ordinaire, la commune qui seulement se trouvera par là affranchie de l'entretien forcé de ce chemin, pourra ou le conserver au public comme chemin rural ou d'exploitation, ou le supprimer entièrement pour le rendre à l'agriculture, comme le recommandait l'arrêté du Directoire du 23 messidor an V. Lors donc que l'arrêté de déclassement aura été rendu, le Conseil municipal devra délibérer sur la question subsidiaire de savoir s'il y a lieu d'en vendre le sol au profit de la commune, ou de le conserver comme voie de communication. Ce n'est qu'au premier cas qu'il y aura lieu à admettre les voisins à user du bénéfice que leur offre l'article qui nous occupe.

La disposition de cet article est analogue à celle de l'article 60 de la loi du 7 juillet 1833, qui porte que si des terrains acquis pour des travaux d'utilité publique ne reçoivent pas cette destination, les anciens propriétaires ou ayant-droit peuvent en demander la remise.

Les articles 384 et 385 du second projet de Code rural contenaient sur ce cas des dispositions plus étendues, et qui bien que non érigées en loi, devront servir de règles par exemple dans l'hypothèse, qu'elles prévoyaient, du concours des deux riverains se présentant pour acquérir le chemin supprimé. La cession devra être faite à chacun pour une moitié de la largeur, sur la longueur de sa propriété, conformément aux articles 556 et 561 du Code civil, concernant les alluvions et les formations d'îles.

Aucun délai n'étant fixé pour user du bénéfice de la loi, les riverains pourront le revendiquer tant que la commune n'aura pas cédé le terrain à d'autres personnes, ou ne l'aura pas affecté à un usage public ou utile à la généralité des habitans. Ce n'est qu'un droit de préférence qui est accordé aux riverains dans le cas de vente; mais si la commune a besoin du terrain, elle ne peut être obligée de le céder; nul ne pouvant être contraint de se dessaisir de sa propriété, si ce n'est pour cause d'utilité publique dûment constatée.

Le terrain dont les voisins voudront se rendre ac-quéreurs, devra être estimé par des experts nommés, l'un par le sous-Préfet, l'autre par le propriétaire, et le tiers, en cas de discordance, par le Conseil de préfec-ture. L'estimation devra en être faite au prix vénal, sans déduction, comme le permettaient l'article 384 du second projet de Code rural, ainsi que diverses lois re-latives aux usurpations de biens communaux. Le prix de l'aliénation ne sera prescriptible que par le laps de 30 années ; l'article 18 ne s'étendant point à ce cas.

Dans le cas prévu par notre article, celui de chan-gement de direction ou de suppression d'un chemin vicinal, il s'élèvera presque toujours une question de-puis long-temps controversée, et dont la solution dé-rive de la nature des droits qui appartiennent aux riverains sur les rues, les places et les chemins : celle de savoir si par la suppression d'une rue ou d'un che-min, ordonnée par l'autorité, les riverains peuvent être privés des servitudes qu'ils y avaient.

Sans entrer dans l'examen de toutes les raisons allé-guées pour et contre que l'on trouvera déduites dans le Cours de Droit français de M. Toullier, dans la 4e édit. du Traité des chemins de M. Garnier (*page* 378 *et suiv.*), et dans une dissertation de 25 pages, qu'on peut lire dans le tom. 2 du Traité du domaine public de M. Proudhon (*n*os 363-378), nous nous bornerons à rappeler les conclusions de cette dissertation, aux-quelles nous donnons un plein assentiment, et qui sont toutes applicables aux chemins vicinaux.

Du principe éminemment vrai posé par cet auteur, et qui est implicitement consacré par l'art. 682 du Code

civil, que les jours, les entrées et sorties dont les propriétaires de bâtimens et autres fonds jouissent sur les
rues et chemins publics, leur sont dus à titre de servitude et non par pure tolérance, il résulte :

1° Qu'il ne peut être permis de supprimer une rue
pour lui assigner une autre destination sans le consentement des propriétaires de maisons qui y ont leurs
jours et leurs issues, à moins que la suppression n'ait
lieu pour cause d'utilité publique bien reconnue, et
qu'il ne soit alloué à ces propriétaires une juste indemnité pour compenser la perte des servitudes dont leurs
maisons seront privées à l'avenir. (*Loi du 16 septembre
1807, art. 54. — Répertoire de M. Favard, v° servitude, sect. 1re, pag. 136. — Traité de la Voirie de
M. Isambert, n° 773. — Cochin, 63me plaidoyer.*)

2° Que toutes les contestations qui peuvent s'élever
sur le fond du droit touchant l'existence, l'exercice et
la jouissance de ces servitudes, doivent être portées en
justice ordinaire, comme étant des questions de propriété. (*Arrêt du Conseil d'Etat du 21 juin 1826.*)

3° Que s'il y a au bord du chemin ou de la rue un
fossé ou un aqueduc à franchir pour arriver à la maison, c'est au propriétaire riverain à y faire un pont
pour entrer dans sa propriété et pour traverser le canal
sans l'obstruer, attendu que c'est toujours à celui auquel la servitude est due à faire les ouvrages nécessaires
pour pouvoir en jouir.

4° Que dans le cas où une commune agissant même
avec toutes les autorisations requises, aurait cédé tout
ou partie d'un chemin à un particulier qui voudrait le
clore ou y construire, cette concession n'empêcherait
point les tiers intéressés de s'opposer à l'exécution de
ces travaux s'ils devaient en être lésés dans leurs droits

9

de propriété ou de servitude, attendu qu'une concession de cette nature, ne pouvant avoir pour objet que
le droit communal de la corporation dont elle émane,
ne saurait atteindre des droits de propriété ou de servitude qui appartiennent à des particuliers, non comme
simples habitans du lieu, mais comme personnes
tierces, ayant ces droits à elles propres. (*Arrêt du
Conseil du* 10 *février* 1816; *Sirey, t.* 3, *p.* 219.)

Nous ajouterons comme corollaires du même principe :

5° Que, lorsque par l'effet de l'exhaussement du
sol d'un chemin vicinal, une propriété voisine se
trouve privée de quelques-unes des servitudes qu'elle
avait sur la voie publique, comme si une maison a été
enfouie à une hauteur telle, que faute de jours ou d'issues, le rez-de-chaussée n'est plus habitable, il est dû
une indemnité, parce qu'ici il y a expropriation d'un
droit réel, c'est-à-dire d'une véritable servitude. (*Ordonnances royales des* 1 *déc.* 1819; *Sirey, t.* 20-2-*p.*
240; 7 *avril* 1824, *entre la ville de Mantes et la
dame Duval;* 17 *août* 1825, *entre la commune de
Lagny-le-Sec et le sieur Thomas; circulaire du Directeur général des ponts et chaussées du* 21 *février*
1821.)

Ce principe est applicable à tous les cas où les changemens faits à la voie publique causent aux propriétés
particulières des dépréciations et diminutions de valeur
(arrêts de la Cour de Cassation des 18 janvier 1826 et
11 décembre 1827 — Sirey, tom. 26-1-267 — tom.
27-2 65 — tom. 29-1-85). Voici les motifs en droit
de ce dernier arrêt : « Attendu que les lois et règle-
« mens de police obligent bien tous les habitans et
« propriétaires des maisons situées sur les rues et

« places publiques, à supporter personnellement et
« sans indemnité, toutes les *charges et sujétions* que
« comportent le bon ordre et la bonne police; mais
« qu'il n'en peut être de même toutes les fois que
« l'effet immédiat de travaux faits sur la voie publique
« est de ruiner ou de déprécier notablement un im-
« meuble; que, dans ce dernier cas, le dommage im-
« posé à un ou plusieurs habitans, dans l'intérêt de
« tous, doit être l'objet d'une indemnité supportée
« par tous, suivant le vœu de l'art. 10 de la Charte
« constitutionnelle, des articles 545 et 1382 Cod.
« civ. »

Une ordonnance en Conseil d'Etat du 25 avril 1833
(Sirey, tom. 34-2-503) a étendu ces principes au
point de décider qu'une commune, même en laissant
des issues aux propriétaires voisins d'un chemin vicinal, ne pouvait afferrner une portion de ce chemin
lorsque sa largeur était trop considérable, et ainsi in-
terposer une propriété susceptible d'être bâtie ou cul-
tivée entre eux et la voie publique; il est vrai que
dans l'espèce la propriété riveraine avait été achetée de
l'Etat qui lui avait donné pour confin le chemin vicinal, et que l'interprétation de l'acte a dû avoir une
grande influence sur la solution.

6° Que les propriétaires de maisons ou autres héritages joignant un chemin seraient recevables à agir ou
à défendre *ut singuli* en justice ordinaire pour revendiquer ou conserver les droits de vue et de passage
sur ce chemin, s'ils venaient à en être privés par le fait
d'un tiers.

Cette proposition ne saurait d'abord faire la matière
du plus léger doute si la contestation portait, non sur
le droit de propriété du chemin au profit de la com-

mune, mais simplement sur celui de jouissance et d'exercice de la servitude de la part du voisin.

Dans un cas semblable, non-seulement ce dernier, mais encore tout autre habitant de la commune qui n'aurait aucune propriété joignant immédiatement, pourvu cependant qu'il eût intérêt, pourrait intenter en son nom personnel l'action, parce que devant avoir comme habitant l'usage des chemins, il se présenterait dans l'instance pour l'exercice d'un droit qui lui serait propre, et dans la revendication duquel il agirait pour lui-même et deviendrait contradicteur légitime; c'est ce qu'enseigne, par rapport aux biens communaux en général, M. Proudhon (*Traité des droits d'usu-fruit*, etc., tom. 6, n° 2876); c'est ce qui a aussi été jugé en fait de droit de passage dans une rue ou un chemin, par trois arrêts de la Cour de Cassation des 2 février 1820, 16 juillet 1822 et 15 juin 1829 (Sirey, tom. 20-1-241-tom. 23-1-73, tom. 29-1-359), dont le second établit la distinction entre le cas où le fond du droit est contesté et celui où il est reconnu; « attendu, en droit, portent les motifs, que dans les « contestations qui s'élèvent sur les propriétés et autres « droits prétendus communaux, il faut distinguer le « cas où le fond du droit est contesté en lui-même, « d'avec le cas où le fond du droit étant reconnu et « avoué, on n'en refuse l'exercice qu'à tel ou tel autre « parmi les habitans de la commune; que si, dans ce « second cas, s'agissant d'un droit particulier et indivi- « duel de ces habitans, ils peuvent agir individuelle- « ment en leur privé nom, et de leur propre chef, « *uti singuli*, il n'en est pas de même dans le premier « cas où, s'agissant d'un intérêt général, appartenant « au corps moral tout entier, c'est à ce même corps

« moral tout entier de le faire valoir par le ministère
« de ses représentans, et les habitans ne peuvent agir
« qu'*uti universi*. »

La proposition que nous avons établie ci-dessus ne
sa rait faire plus de difficulté dans le cas même où le
droit de propriété de la commune sur le chemin serait
le point principal et unique de la contestation.

Dans cette seconde hypothèse il faut distinguer entre
le simple habitant, qui n'invoque que le droit social
appartenant par sa nature au corps moral de la commune dont il n'est point le représentant, et le propriétaire d'une maison ou de tout autre héritage atte-
nant à un terrain qu'il soutient être un ancien chemin
public et qui par conséquent fonde son action sur
une cause à lui propre et personnelle et non sur sa
seule qualité de membre de la commune. Jouissant,
comme nous l'avons dit, des droits de vue et de
passage sur la voie publique à titre de vraie servitude,
il n'y a aucune fin de non-recevoir à lui opposer
lorsqu'il en revendique l'exercice, parce que ces servitudes étant inhérentes à son fonds, il ne fait, en les
réclamant, que revendiquer l'intégralité même de ce
fonds ; c'est comme propriétaire de son héritage, et
non comme habitant du lieu, qu'il agit.

Peu importe qu'en demandant à jouir d'un droit de
servitude réelle sur un terrain voisin dont le caractère
et la destination sont contestés, il soit obligé pour parvenir à ses fins d'alléguer que ce terrain est une voie
publique. Il ne faut pas en effet confondre la chose re-
vendiquée avec le moyen employé pour en exercer la
revendication ; il suffit que le droit prétendu ne soit
pas un droit communal, mais seulement un droit privé, et qu'il soit fondé sur une cause particulièrement

acquise au réclamant, pour que l'action de ce dernier
soit admissible. En offrant de prouver que le terrain
sur lequel il prétend exercer sa servitude de vue ou
de passage est un chemin public, le propriétaire riverain n'excipe réellement pas du droit de la commune;
il ne demande toujours que ce qui lui appartient en
propre, et ne réclame point pour lui-même l'adjudication d'un bien communal; son action a pour objet
unique une servitude privée dont la cause lui est propre et étrangère à tout autre.

Cette question, sur laquelle nous avons cru devoir
insister pour faire bien connaître la nature du droit
qui appartient aux propriétaires d'héritages joignant
la voie publique, est résolue dans le même sens par
M. Proudhon (*Traité du Dom. publ.*, n° 649) et par
divers arrêts de la Cour de cassation rapportés au Journal des audiences (1808, *Suppl.*, p. 175 — 1820,
p. 138 — 1826, p. 33).

Voyez aussi les lois, 1er ff *de locis et itiner. publ.*
— 1er § 3, *codem de vid publicâ*, et un arrêt de la
Cour d'Agen du 30 mars 1824. (*Sirey*, tom. 25-
2-1.)

Le droit pour les propriétaires riverains d'ouvrir
dans leurs bâtimens des jours ou fenêtres donnant immédiatement sur les rues et chemins, rentre tellement
dans la destination de ces voies que le voisin de l'autre
côté ne pourrait s'opposer à ce qu'il en fût ouvert,
lors même que le chemin aurait moins de 19 décimètres de largeur. M. Pardessus avait professé l'opinion
contraire dans les deux premières éditions de son traité
des servitudes; mais entraîné par l'avis de Duplessis
(*Coutume de Paris*, liv. 2, ch. 3), de Bourjon (*Droit
commun*, liv. 4, tit. 1, 2e part., ch. 12, sect. 2), de

Desgodets (*sur l'art.* 202 *de la cout. de Paris*), il s'en
est départi. (*Voy.* n° 204 *de la* 6ᵐᵉ *édition.*)

ARTICLE XX.

« Les plans, procès-verbaux, certificats, significa-
« tions, jugemens, contrats, marchés, adjudications
« de travaux, quittances et autres actes, ayant pour
« objet exclusif la construction, l'entretien et la répa-
« ration des chemins vicinaux, seront enregistrés
« moyennant le droit fixe d'un franc.

« Les actions civiles intentées par les communes
« ou dirigées contre elles, relativement à leurs che-
« mins, seront jugées comme affaires sommaires et
« urgentes, conformément à l'art. 405 du Code de
« procédure civile. »

La faveur accordée par cet article, et que comman-
dait l'intérêt public, ne porte que sur les droits d'enregistrement, et non sur ceux de timbre, qu'on eût
également bien fait de réduire ou de supprimer.

Le décime pour franc devra être perçu sur le droit
fixé, la loi n'en ayant pas parlé.

Si l'acte, le contrat, le marché, l'adjudication faits
par la commune portaient tout à la fois sur la construction, l'entretien ou la réparation d'un chemin
vicinal, et sur un autre objet d'utilité communale, tel
que la construction d'une église, d'une halle, etc., les
droits d'enregistrement seraient perçus au taux fixé
par la loi du 22 frimaire an VII sur la totalité du prix,
à moins qu'on n'en eût stipulé un distinct et séparé
pour ce qui concernerait le chemin vicinal, cas auquel
on devrait appliquer, par analogie, la disposition de

l'art. 9 de la loi précitée de l'an VII, relative aux actes translatifs de propriété qui comprennent tout à la fois des meubles et des immeubles.

Les administrateurs des communes devront prendre cette précaution dans les adjudications de travaux qu'ils tranchent, et qui ordinairement ont pour objet des ouvrages de diverses espèces.

Contrairement à l'opinion de M. Garnier sur cet article, nous pensons que la modération des droits d'enregistrement doit s'étendre aux instances, traités et actes relatifs aux questions de propriété ou d'indemnité résultant, par exemple, de privation de jours ou d'issues, par suite de travaux, ou de toute diminution de valeur. Quoiqu'il ne s'agisse pas dans ces différens cas du sol même du chemin vicinal, il s'agit d'accessoires se rattachant nécessairement à la construction, à l'entretien ou à la réparation du chemin et qui doivent jouir de la même faveur que le principal. Le mot *exclusif*, que renferme la loi, doit se référer à tout ce qui concerne le chemin, en mettant seulement en dehors ce qui y est étranger, et non limitativement à ce qui a trait aux trois opérations énumérées dans l'article qui nous occupe.

Ce qui nous confirme dans cette idée, c'est la disposition que renferme le second alinéa de l'article qui crée un autre genre de privilège par rapport aux chemins, et qui l'étend évidemment aux instances relatives aux questions de propriété ou d'indemnité résultant de privations de servitude, de diminutions de valeur, etc. Les deux bénéfices que la loi accorde ici doivent être de la même étendue et s'appliquer aux mêmes objets.

Cette seconde disposition dérive du principe qui a déterminé dans les articles 15, 16 et 17 la simplifica-

tion des formes de l'expropriation pour tout ce qui
concerne les chemins. On ne doit cependant pas se dis-
simuler que presque toutes les questions que fait naître
cette matière sont très-ardues, et réclameraient,
pour être convenablement approfondies, les formes
ordinaires de la procédure. Leur peu d'intérêt pécuniaire a pu seul motiver l'exception.

ARTICLE XXI.

« Dans l'année qui suivra la promulgation de la pré-
« sente loi, chaque Préfet fera, pour en assurer l'exé-
« cution, un règlement qui sera communiqué au Con-
« seil général et transmis avec ses observations au
« Ministre de l'intérieur pour être approuvé s'il y a
« lieu.

« Ce règlement fixera dans chaque département le
« maximum de la largeur des chemins vicinaux; il fi-
« xera en outre les délais nécessaires à l'exécution de
« chaque mesure; les époques auxquelles les presta-
« tions en nature devront être faites; le mode de leur
« emploi ou de leur conversion en tâches, et statuera
« en même temps sur tout ce qui est relatif à la con-
« fection des rôles, à la comptabilité, aux adjudica-
« tions et à leur forme, aux alignemens, aux autori-
« sations de construire le long des chemins, à l'écoule-
« ment des eaux, aux plantations, à l'élagage, aux
« fossés, à leur curage et à tous autres détails de sur-
« veillance et de conservation. »

Cet article, par lequel le législateur a cherché à suppléer aux lacunes qu'offre la loi nouvelle, investit les
Préfets de pouvoirs immenses, plus étendus même en
certains points, que ceux qui appartiendraient au Roi
en pareille matière.

Si nous regrettons que dans un trop grand nombre
de cas on ait substitué la volonté du magistrat à celle
de la loi, c'est moins parce que nous redoutons des
abus que le contrôle du Conseil général et l'approbation
ministérielle pourront prévenir, que parce que ce
mode de régler une matière qui intéresse toute la
France, tend à modifier le principe politique si utile
de l'unité de la législation, le plus heureux résultat de
la révolution de 1789.

Nous pourrons en effet avoir des réglemens aussi
bons peut-être que l'eût été la loi; mais ils seront au
nombre de 86, et par là feront renaître les inconvéniens attachés à la diversité des anciennes coutumes,
qui aussi étaient plus conformes aux mœurs, aux habitudes et aux besoins des provinces qu'elles régissaient,
que la loi générale portée depuis. Dans l'impossibilité
d'arriver à la perfection, nous eussions préféré quelques
violences faites aux habitudes locales, et certaines mesures d'une application plus ou moins facile, à des
règles variant de pays à pays, ne présentant aucun
ensemble, et ne dérivant d'aucun principe général. A
notre avis le despotisme de la loi est encore plus tolérable que l'arbitraire de l'homme.

Nous admettrions si l'on veut, que le besoin d'approprier les mesures légales à chaque contrée eût pu faire
abandonner le principe de l'uniformité de législation, si
on eût atteint réellement le but proposé et si la loi eût
dû être d'une application plus facile. Mais on n'a pas
fait attention que la circonscription des départemens
déterminée dans des vues politiques, et d'après des
bases statistiques, n'a aucun rapport avec la constitution physique des diverses régions de la France, laquelle
seule peut avoir de l'influence sur la manière de faire,

d'entretenir ou de réparer les chemins. Il est peu de départemens dont le territoire n'offre des différences très-marquées, à tel point que certaine partie ressemble beaucoup plus à telle autre d'un département fort éloigné, qu'à un canton voisin ressortissant de la même Préfecture. Pour appliquer le principe dans toute son étendue, il aurait fallu dire que chaque commune, ou même que chaque section de commune, aurait son réglement particulier. Si les Préfets veulent faire des réglemens applicables, ils seront obligés de diviser le pays en plusieurs catégories, ayant leur fondement dans les accidens du sol, la nature des terrains, le genre de culture, l'état de la civilisation et de l'industrie ; les prescriptions pour un pays de plaine ne pouvant s'appliquer aux parties montagneuses quoique situées dans le même département. Or si c'est sous ce point de vue qu'il fallait diviser la France, c'était à la loi ou aux ordonnances royales à disposer, et non aux Préfets qui ne seront pas moins embarrassés pour un seul département, que le législateur l'eût été pour tout le royaume.

On s'exagère d'ailleurs beaucoup trop les nécessités locales et les exigences en quelque sorte individuelles pour lesquelles on montre tant de respect. Elles ont généralement bien moins d'importance qu'on ne le suppose ; nous n'en voudrions d'autres preuves que les difficultés et les procès engendrés par les renvois que le Code civil a cru devoir faire, particulièrement en ce qui concerne les servitudes, aux usages locaux. Les tribunaux sentent presque partout le besoin d'en revenir aux règles fixées par le Code à défaut d'usage particulier, même dans les lieux où ces usages existaient ; et pour ne parler que de la distance en fait de plantation d'arbres, nous sommes convaincus que dans les dix-neuf vingtièmes de la France, on observe celle de deux mètres fixée par l'art. 671 du Code civil. La disposition de l'art. 678, qui exige 19 décimètres pour l'ouverture de fenêtres d'aspect, a, malgré les différences qui existaient autrefois pour ce cas en France, fait naître certainement moins de procès, et, par conséquent, produit plus de bien, précisément parce qu'elle est absolue et générale, que celle, plus flexible, qui concerne les arbres.

Les 360 coutumes locales qui régissaient autrefois le nord de la France, pouvaient convenir dans un temps où, faute de moyens de communication, chaque pays était isolé et n'avait que des rapports rares et difficiles avec ceux qui l'avoisinaient ; mais aujourd'hui que notre sol est sillonné en tous sens par des grandes routes et des canaux ; qu'à l'aide de la loi nouvelle, il faut l'espérer, un réseau de chemins de moindre importance va le couvrir et faire pénétrer l'instruction et les bonnes méthodes jusque dans les endroits les plus écartés ; que l'aisance se répand partout avec la civilisation, les moyens d'opérer sur les chemins vicinaux doivent être à peu près partout les mêmes, et c'eût été une idée féconde, même pour l'industrie agricole, que de chercher à les rendre généraux, à les populariser en quelque sorte, au lieu de les spécialiser et de les renfermer dans d'étroites limites. Si là loi doit se plier jusqu'à un certain point aux mœurs et aux habitudes des nations, elle doit aussi chercher à les rectifier et à les rendre meilleures ; l'abandon que chacun est alors obligé de faire d'une partie de sa liberté individuelle, tourne à l'avantage de tous, et est le plus sûr garant de la liberté générale.

Que les Préfets eussent été chargés de fixer les délais nécessaires à l'exécution de chaque mesure, les
époques auxquelles les prestations en nature devront
être faites, le mode de leur emploi ou de leur conversion en tâches, on le conçoit : ce sont des mesures de
détail et d'exécution qui ne touchent en rien à la propriété privée et qui n'intéressent que peu les citoyens.

Mais il en est bien différemment de la fixation du
maximum de largeur des chemins, des alignemens, des
autorisations de construire le long des voies publiques,
des plantations, de l'élagage, des fossés. Quelques principes uniformes appropriés aux diverses natures de
sol et de culture dans toute la France, et non pas appliqués à une certaine étendue de territoire prise en
bloc, auraient très-facilement réglé ces points et auraient pu être accompagnés d'instructions dressées par
des gens de l'art, approuvées par le Ministre, et qui
auraient descendu dans des détails d'art et d'exécution
qu'une loi ne peut convenablement comporter.

Il aurait dû en être de même relativement à la
confection des rôles, à la comptabilité, aux adjudications et à leur forme ; points sur lesquels on ne conçoit
pas que la localité puisse exercer une influence telle,
qu'il ait été indispensable de s'en référer à cet égard
aux Préfets.

M. le Ministre de l'intérieur l'a tellement senti que
dans sa circulaire du 24 juin 1836, il a prescrit à ces
fonctionnaires des règles uniformes, qu'il aurait été
beaucoup plus convenable de trouver dans la loi ou
dans une ordonnance générale. Il dit sous l'art. 4,
p. 40 de l'édition officielle : « Les époques des travaux
« et leur mode d'exécution peuvent sans doute varier
« dans les diverses régions du royaume; mais la rédac-

« tion des états-matrice, la confection des rôles, les
« formes de la libération des contribuables, enfin la
« reddition des comptes, ce sont là des détails qui
« peuvent et doivent être réglés uniformément. »
Sous l'article 21, page 104, il ajoute : « Parmi
« les matières sur lesquelles la loi vous donne l'ini-
« tiative pour la rédaction de votre règlement, il en
« est un certain nombre à l'égard desquelles la di-
« versité des localités est évidemment sans influence ;
« ce sont : 1° la confection des rôles, 2° la comptabili-
« té, 3° les adjudications et leurs formes, 4° les aligne-
« mens et autorisations de construire. Le dernier de
« ces objets n'est que l'application de principes géné-
« raux dont l'administration ne saurait s'écarter ; les
« trois autres doivent être soumis à des régles uni-
« formes, afin de permettre l'établissement de comptes
« réguliers et de permettre à l'autorité centrale d'exer-
« cer le droit de surveillance que la loi n'a pas voulu
« lui enlever. Je vais donc vous tracer sur chacune de
« ces parties du service, des règles dont je vous invite
« à ne pas vous écarter. »

N'est-ce pas là la plus forte critique que l'on pouvait faire de la disposition qui nous occupe ?

Si de ces réflexions générales, suggérées par l'esprit
de notre article, nous passons à l'examen de ses dispositions, nous aurons à rechercher quel est le caractère du
règlement que les Préfets sont chargés de dresser, quelle
sera la sanction des prescriptions qu'il contiendra,
enfin quelles devront être certaines dispositions de détail à y insérer, autres que celles nommément énumérées dans l'article ?

I°

Quoique contenant plusieurs dispositions du ressort

du législateur, le réglement des Préfets ne sera toujours qu'un acte de l'administration, et ne participera
pas au caractère de stabilité qui appartient à la loi.
Dressé à la hâte, dans un très-court délai, et ayant une
portée immense, il sera impossible qu'il atteigne du premier coup, le degré de perfection dont il est susceptible.
Il a donc fallu laisser la faculté, non-seulement d'y apporter quelques modifications, mais encore de le
changer en totalité si l'expérience en démontrait la
nécessité.

A la séance de la Chambre des Députés du 8 mars,
un membre ayant demandé : « Si passé l'année, on
« venait à juger convenable de modifier le réglement,
« la modification pourrait être faite suivant les
« mêmes formes, » le rapporteur répondit : « La mo-
« dification est de droit ; » ce qui fut appuyé par un
autre membre en ces mots : « Non-seulement la
« modification, mais même le réglement. » C'est-à-
dire que ce réglement pourra être changé en totalité.

II°

Pour connaître la peine dont sera passible l'infraction au réglement du préfet, il faut distinguer.

Lorsque cette infraction constituera un délit déjà
prévu par le Code pénal ou par toute autre loi actuellement en vigueur, la peine portée par ces lois devra
être appliquée comme dans le cas des art. 437 pour
destruction de ponts, digues ou chaussées, 445, 446,
447 et 448 pour arrachement ou mutilation d'arbres,
456 pour comblement de fossés, bris de clôture, destruction de haies, suppression de bornes, 457 pour
inondations de chemins par sur-élévation de déversoirs
d'usines, 479 n° 4 pour mort ou blessures d'animaux

ou bestiaux occasionnées par l'encombrement, l'excavation ou telles autres œuvres dans ou près les rues,
chemins, places ou voies publiques, sans les précautions ou signaux ordonnés ou d'usage, etc.

Lorsqu'il s'agira de dégradations ou de détériorations,
de quelque nature qu'elles soient, des chemins, d'usurpations sur leur largeur, ou d'enlèvement, sans autorisation, de gazons, terres ou pierres prises dans ou
sur leur sol, les numéros 11 et 12 ajoutés à l'art. 479
du Code pénal, par la loi du 28 avril 1832, puniront
cette contravention d'une amende de 11 à 15 francs,
et, en cas de récidive, d'un emprisonnement de cinq
jours.

Enfin, lorsque le fait défendu par l'arrêté du Préfet
n'aura été prévu d'une manière spéciale par aucun
texte formel, l'amende d'un à cinq francs avec emprisonnement pendant trois jours, en cas de récidive,
sera prononcée en vertu, soit du n° 5 de l'art. 471 du
Code pénal, soit du n° 15 nouvellement ajouté audit
article, et ainsi conçu : « Seront punis d'amende, de-
« puis un franc jusqu'à cinq francs inclusivement, ceux
« qui auront contrevenu aux réglemens légalement
« faits par l'autorité administrative. »

Cet ensemble de dispositions compose-t-il toute la
législation pénale en matière de chemins vicinaux et
abroge-t-il notamment les attributions et la compétence
des Conseils de préfecture investis par l'article 8 de la
loi du 9 ventôse an XIII, de la répression des usurpations commises sur le sol des chemins vicinaux?

·Avec M. le Ministre de l'intérieur (*Circulaire du*
24 juin 1836, *pag.* 5 *et* 110), et avec M. Proudhon
(*Traité du dom. pub.*, *n°* 570), nous pensons que ces
Conseils sont toujours compétens pour statuer sur les

cas d'usurpation; mais pour qu'ils puissent faire usage de leur juridiction, le concours de plusieurs circonstances est nécessaire.

1° Il faut que le chemin même public, ait été préalablement déclaré vicinal et placé sur le tableau à ce destiné. (*Arrêts du Conseil des* 16 *octobre* 1813, 3 *juin* 1818 *et* 11 *août* 1819; *Sirey, tom.* 2, *p.* 443-*t.* 4, *p.* 343-*t.* 5, *p.* 189.)

2° Il faut aussi que le Préfet ait fixé les limites et la largeur du chemin, parce qu'il ne peut y avoir anticipation sur un fonds qu'autant qu'on en connaît les limites.

Il y aurait cependant une différence à faire entre ces deux cas : Si la contravention avait précédé la déclaration de vicinalité, le Conseil de préfecture serait absolument incompétent, parce qu'il est de principe que la sentence du juge doit se reporter au fait sur lequel elle est prononcée; mais si, lors de la contravention, le classement du chemin avait déjà été fait, quoiqu'on eût omis d'en fixer les limites, le Conseil de préfecture serait compétent pour connaître du fait d'anticipation, parce qu'il serait vrai de dire qu'elle aurait été commise sur un chemin vicinal; seulement il faudrait surseoir à prononcer au fond et renvoyer préalablement au Préfet pour qu'il eût à fixer la largeur et les limites du chemin, sur lesquelles il n'appartient point au Conseil de préfecture de statuer. (*Arrêts du Conseil du* 1er *sept.* 1819; *Sirey, tom.* 5, *p.* 199, *et du* 18 *avril* 1821; *Macarel, tom.* 1, *pag.* 571.)

3° Il faut qu'il s'agisse d'anticipation proprement dite, car tous les autres faits de police, de voirie, touchant la jouissance, la conservation, les dégradations quelconques des chemins même vicinaux et de leurs

fossés, restent dans les attributions des tribunaux ordinaires, soit de police, soit correctionnels, soit civils,
suivant la nature des faits.

L'anticipation a souvent beaucoup d'analogie avec
la dégradation, en ce que l'une et l'autre tendent à la
ruine du chemin et à lui enlever sa largeur de viabilité.
Cependant elles diffèrent sous plusieurs points de vue :
l'anticipation n'opérant immédiatement qu'une diminution dans la largeur, elle tend seulement à rendre
la viabilité moins commode ou plus difficile, tandis
que la dégradation attaquant l'état matériel du chemin,
a pour effet d'en détruire l'usage ou de le rendre
impraticable. Celui qui anticipe agit dans un esprit de
conservation pour lui-même, et comme il peut se
tromper dans ses aperçus sur la largeur d'un chemin
que l'usage tend souvent à porter hors de ses limites,
il est moins coupable que celui qui, en dégradant, agit
dans un système d'anéantissement et de destruction
que rien ne peut excuser. La contravention d'anticipation ne peut être commise que par celui qui possède un
héritage au bord du chemin, tandis que le délit de
dégradation peut être commis par toute autre personne. Il n'y a qu'une manière d'anticiper sur un chemin, c'est d'étendre ses actes de possession jusque sur
le sol public, tandis qu'on le dégrade lorsqu'on y pra-
tique des excavations, qu'on enlève des matériaux destinés à son entretien ou des terres et gazons placés sur
ses accottemens, lorsque l'on comble les fossés latéraux,
ou lorsqu'on y fait dériver depuis les héritages voisins,
des eaux qui n'y afflueraient pas naturellement.

4° Il faut qu'il ne s'agisse que d'un envahissement
partiel du chemin; car s'il était total et s'il y avait
suppression complète de la voie publique, ce ne serait

plus une simple anticipation, mais une usurpation, une
dégradation et un anéantissement du chemin, dont la
répression ne pourrait être compétemment portée que
pardevant les tribunaux de police judiciaire. (*Arrêt
du Conseil du 5 mars* 1811.)

Au reste, dans les cas où il pourrait y avoir doute
sur la qualification du fait, le premier tribunal, soit
administratif, soit judiciaire qui serait saisi, devrait
statuer, parce qu'il serait impossible de dire que l'un
ou l'autre est incompétent.

Le Conseil de préfecture a le droit d'ordonner la ré-
intégration du sol et conséquemment la démolition des
constructions; mais il ne peut prononcer contre le dé-
linquant ni peine corporelle, ni l'amende établie par
le § 11 de l'art. 479 du Code pénal, parce qu'étant
tribunal d'exception, il ne doit statuer que sur ce qui
lui est expressément attribué par les lois, et que ce n'est
qu'en matière de grande voirie qu'il peut prononcer
des amendes ; les tribunaux de simple police ayant seuls
ce pouvoir en fait de petite voirie. (*Arrêts du Conseil
des* 15 *juin* 1812, 1ᵉʳ *mars* 1826 *et* 16 *mai* 1827; *Macarel, tom.* 8, *pag.* 146, *et tom.* 9, *pag.* 289; *M.
Garnier, Traité des chemins, art.* 2, *sect.* 1ʳᵉ, *ch.* IX.)

Le Conseil de préfecture ne peut non plus statuer
même incidemment sur une question de propriété; et
si le propriétaire riverain, poursuivi pour anticipation,
veut la justifier en prétendant être propriétaire du terrain anticipé, le Conseil ne peut pas surseoir et ne doit
pas moins le condamner à se reculer au-delà de la limite
fixée par le Préfet, sauf à ce riverain à se pourvoir
conformément à l'article 15 ci-dessus, non pour obtenir la maintenue de sa possession, mais pour se faire
déclarer propriétaire primitif du sol et obtenir une in-

demnité à raison du terrain qui lui appartenait autrefois
et qui se trouve actuellement incorporé dans le domaine public. (*M. Proudhon, Traité du dom. pub.,
tom. 2, n°⁵ 570 et suiv.*)

Comme dans les autres cas, les arrêtés du Conseil
de préfecture pris en pareille matière, sont, nonobstant
et sauf recours au Conseil d'Etat, exécutoires de plein
droit et sans avoir besoin d'être revêtus d'aucune approbation ni d'aucun mandement de justice; ils em-
portent hypothèque, et après la notification que tous
huissiers sont tenus d'en faire, les parties condamnées
sont contraintes par l'envoi de garnisaires et par la
saisie de leurs meubles. (*Art. 4 de la loi du 29 floréal an x.*)

M. Garnier, dans plusieurs passages de son Traité
des chemins, s'élève avec force contre cette juridiction des Conseils de préfecture qu'il prétend ne résulter d'aucun texte de loi; cependant il convient qu'elle
est reconnue par *une foule d'arrêts* du Conseil d'Etat,
notamment des 28 novembre 1821, 31 mars 1825, qui
ont annulé divers jugemens de tribunaux correctionnels
rendus en matière d'anticipation sur des chemins vicinaux. Son opinion, sur laquelle il insiste encore dans
son Supplément, page 75, n'est partagée ni par M. de
Cormenin, ni, comme nous l'avons déjà dit, par M.
Proudhon et par la circulaire ministérielle du 24
juin 1836.

III°

Nous avons déjà signalé dans le cours de ces notes
différentes institutions et dispositions ayant pour objet
la surveillance et l'amélioration des chemins vicinaux,
et que nous désirerions voir entrer dans le règlement,

telles que l'établissement de Commissions d'inspection et de cantonniers. (*Notes des art. 5 et 11 ci-dessus.*)

Nous ajouterons ici quelques vues tendant au même but, quoique par des moyens différens :

1° Les frais de construction et de réparation d'un chemin étant beaucoup plus élevés que ne l'est généralement la valeur du sol sur lequel ils sont établis, il conviendrait, à moins d'accidens très-prononcés de terrain, de les redresser et de les établir en ligne droite sur toute la distance qui sépare une commune d'une autre. Cinq kilomètres ou une lieue ancienne de chemin, de six mètres de large, n'occupent qu'une superficie de 3 hectares (ou 8 journaux 3/4, mesure ancienne de Bourgogne), dont le prix moyen ne s'élèverait pas au-dessus de 1500 francs. Cette somme sur laquelle il y aurait à déduire le prix de revente de la partie abandonnée, n'est presque rien en comparaison de la dépense qu'entraînent l'empierrement et l'entretien d'une pareille longueur de chemin. Indépendamment de la quantité de terres qui serait rendue à l'agriculture, et de la rapidité qu'acquerraient par là les communications, il y aurait une économie considérable sur les frais de première mise en état et de réparations annuelles.

2° Il y aurait aussi un grand avantage à niveler autant que possible les chemins, ou au moins à adoucir les rampes trop rapides que la plupart présentent. On arriverait à ce but en diminuant souvent à peu de frais les hauteurs dont les déblais seraient reportés dans les bas-fonds. Il ne faut pas perdre de vue qu'une pente est réduite à la moitié de sa hauteur en en diminuant seulement le quart au sommet et en le transportant au bas. Lorsque l'élévation serait trop grande et que le sol

présenterait trop de difficultés, il n'y aurait d'autre
moyen que de tourner au pied de l'éminence. La règle
de la diminution de longueur devrait céder dans ce cas.

3° Un point non moins important est la suppression
d'un assez grand nombre de chemins qui, sans être
tout-à-fait inutiles, ne sont pas cependant d'une indispensable nécessité. Il n'est pas rare de trouver deux ou
trois chemins conduisant d'un village à un autre, et
qui tous mal entretenus, seraient remplacés avec avantage par un seul en bon état.

« Les chemins sont malheureusement trop nom-
« breux, disait M. Thiers, président du Conseil, à la
« séance de la Chambre des Pairs du 28 avril, on en a
« beaucoup trop tracé; toutes les communes sont
« toujours tentées d'en multiplier le nombre... Il y en
« aura beaucoup à abandonner, et tout amendement
« qui aura pour but d'étendre la classification, ne sera
« pas bon. »

Quand trois communes par exemple ne sont pas
situées sur la même ligne droite, il y a ordinairement
trois chemins, deux communiquant des communes
extrêmes à celle du milieu, et un autre joignant les
deux premières entre elles. Lorsque l'angle sera très-
ouvert et que la déviation ne sera pas trop grande, il
conviendra de supprimer ce troisième chemin, en ne
conservant que celui qui traversera les trois communes.
L'inconvénient de la longueur est compensé bien au-
delà par les avantages du bon état de viabilité.

4° Dans presque toutes les localités des fossés seront
très-utiles le long des chemins, soit pour en assainir le
sol, soit pour prévenir les dégâts dans les propriétés
voisines, soit surtout pour empêcher que les riverains
n'anticipent sur leur largeur, ou que même sans int

tion d'envahissement, ils ne conduisent leurs charrues jusque sur le chemin et ne le couvrent ainsi de terre, ce qui n'est pas tolérable lorsqu'il y a un empierrement. Dans les pays bas, où les matériaux solides manquent, les terres provenant du repiquement peuvent être employées avec avantage pour réparer les excavations qui se font dans le chemin, et surtout pour en exhausser le sol et bomber le milieu, de manière à ce que les eaux n'y séjournent pas. Un chemin, même tout en terre, est praticable lorsque les eaux s'écoulent facilement et que la surface en est sèche.

5° Il conviendra de prescrire, conformément à l'art. 671 du Code civil, la distance de deux mètres pour les plantations d'arbres, et de 50 centimètres pour celles de haies, que les voisins voudraient faire le long des chemins vicinaux.

Les arbres entretiennent une humidité nuisible et peuvent gêner le passage par leurs branches; en exigeant cette distance, on ne soumettra les communes à aucune indemnité envers les riverains, puisqu'elles ne feront que jouir du bénéfice d'une servitude légale que M. Proudhon (*Traité du dom. pub.*, n° 498, p. 225), avait déjà déclaré pouvoir être invoquée en fait de chemins vicinaux, sous l'empire d'une loi qui ne conférait pas pour ce cas aux Préfets, un droit aussi étendu que celui qui leur est attribué par notre article 21.

6° Plusieurs lois et règlemens anciens, notamment une ordonnance de police du 10 septembre 1600, des arrêts du Conseil des 9 mars 1633, 14 mars 1741, 15 septembre 1772, 4 avril et 4 juillet 1777, 29 juillet et 19 septembre 1778, un arrêt du Parlement du 29 septembre et un règlement du 12 novembre 1778, enfin une déclaration du Roi, du 17 mars 1780, défendent d'ouvrir des carrières, ou de pratiquer des excavations, à moins d'une certaine distance des voies publiques. L'article 4 de cette dernière déclaration, porte que « l'exploitation des carrières à plâtre, pierres et moel- « lons, ne pourra à l'avenir être continuée qu'à la dis- « tance de huit toises des deux extrémités ou côtés de « la largeur des chemins de traverse ou vicinaux fré- « quentés, » et en même temps rappelle « les dé- « fenses d'ouvrir aucune carrière à pierres de taille, « moellons, plâtre, glaise et autres, de quelqu'espèce « que ce soit, sur les bords et côtés des routes et « grands chemins, sinon à trente toises de distance du « bord, mesuré du pied des arbres; et lorsqu'il n'y « aura ni arbres, ni fossés, à trente-deux toises de « l'extrémité de la largeur, sans pouvoir, en aucun « cas, pousser les rameaux ou rues desdites carrières « du côté desdits chemins.... Le tout à peine de 300 « livres d'amende.... »

Il serait bon de renouveler, quant aux chemins vi- cinaux, cette mesure tombée en désuétude, quoique propre à prévenir des accidens surtout pendant la nuit, en réduisant toutefois la distance prescrite, et en per- mettant d'y suppléer par des murs, des haies, ou par tout autre obstacle capable d'arrêter les voitures ou les piétons qui se détourneraient du chemin.

La disposition du règlement préfectoral qui prescri- rait des précautions à ce sujet, rentrerait dans les vues du législateur, qui, par le n° 4 de l'article 479 du Code pénal, prononce une amende de 11 à 15 francs contre ceux qui auront occasionné la mort ou la blessure des animaux ou bestiaux appartenant à autrui, par l'en- combrement ou *l'excavation* dans ou *près* les rues, chemins, places ou voies publiques.

7° Nous désirerions voir adopter une mesure qui, sans tenir directement à la bonne viabilité des chemins, offre cependant de grands avantages aux voyageurs, et a déjà été adoptée dans un assez grand nombre de communes ; ce serait de placer, soit sur les dernières maisons des villages, soit surtout sur des poteaux plantés aux embranchemens des chemins, des inscriptions indicatives du lieu où ils conduisent et même des distances. On éviterait ainsi des embarras, des erreurs et des accidens qui résultent assez fréquemment de l'oubli de cette précaution.

8° Une autre mesure qu'il conviendrait encore de prescrire, serait le bornage des chemins, accompagné d'un plan sur lequel les diverses bornes seraient figurées ; on y énoncerait leurs distances respectives et le degré de l'angle formé par la ligne de jonction de ces bornes avec la méridienne.

Par ce moyen on retrouverait, à quelque époque que ce soit, les limites exactes du chemin et sa vraie direction, lors même que plusieurs des bornes auraient disparu.

9° Un des points les plus importans et les plus difficiles en matière de voirie, est celui des alignemens. Dans les villes pour lesquelles un plan général a été dressé, en conformité de l'article 52 de la loi du 16 septembre 1807, les difficultés se trouvent aplanies, puisque le maire n'a qu'à suivre l'alignement tracé, et que les contestations qui pourraient s'élever à cet égard, se réduiraient à une question de fait, susceptible d'être jugée par une simple vérification.

Il n'en est pas de même dans les villes où la loi de 1807 n'a pas encore été exécutée. Les maires fondent leur droit, qui est contesté, sur un édit de Henri IV, du

mois de décembre 1607 ; un autre édit du mois de novembre 1697 ; une déclaration du Roi du 16 juin 1693 ;
un arrêt du Conseil du 6 — 22 octobre 1733 ; sur les
articles 3, tit. XI de la loi du 24 août 1790, 29, § 2 de
la loi du 22 juillet 1791 ; sur un décret du 27 juillet
1808 ; sur deux ordonnances royales des 29 février
1816 et 18 mars 1818, et sur différens arrêts de la
Cour de cassation rapportés dans le Recueil périodique
de Dalloz (1819-1-326 — 1828-1-419 — 1829-1-25).

Les principes étaient encore moins positifs par rapport aux chemins vicinaux à l'égard desquels la législation était muette. Deux arrêts du Conseil d'Etat des
3 juin et 18 novembre 1818 avaient seulement paru
décider que l'ordonnance de 1607 et l'édit de 1693 leur
étaient applicables. La loi nouvelle, en chargeant par
son article 21 les Préfets de comprendre dans leur
règlement ce qui concerne *les alignemens*, a fait disparaître les doutes et donnera lieu à l'établissement de
règles, sinon uniformes dans toute la France, au moins
fixes et certaines pour chaque département.

Mais les difficultés resteront toujours les mêmes en
ce qui concerne les alignemens dans les bourgs et villages pour lesquels la loi de 1807 n'est point obligatoire, puisque nous avons vu dans les notes sur l'article
1er, que la loi sur les chemins vicinaux n'était point
applicable aux rues et places qu'ils renferment, et
qu'alors, et par une conséquence nécessaire, le règlement prescrit par l'article 21 ne s'étendra pas à cette
partie de la voirie, sur laquelle il n'existe d'ailleurs ni
loi, ni monument de jurisprudence qui puissent guider les administrations. Et cependant il n'y a pas d'objet qui aurait dû davantage éveiller la sollicitude du
législateur, puisque l'esprit d'envahissement si naturel

aux habitans des campagnes et le mauvais goût qui ca-
ractérise leurs œuvres, les portent sans cesse à anticiper sur la voie publique et à établir sur ses bords des
constructions aussi nuisibles au passage que désagréables
à l'œil par leur irrégularité.

Le seul moyen de suppléer à cette lacune de la loi,
serait de faire prendre par les maires des communes
rurales des arrêtés pour interdire toutes constructions
sur les rues et places des bourgs et villages, sans s'être
pourvu d'alignemens. Cette mesure qui pourrait être
provoquée par une circulaire soit du Ministre, soit
des Préfets, rentre parfaitement dans les attributions
des Maires chargés par les lois du 24 août 1790 et du
22 juillet 1791 d'exercer leur surveillance sur tout ce
qui intéresse la sûreté, la commodité et la salubrité
dans les rues, places et voies publiques.

Rien ne touche de plus près assurément à ces objets
directs de la vigilance municipale, que les constructions qui par leur mauvaise disposition, peuvent gêner
la circulation de l'air et rendre le passage dangereux
ou incommode.

M. Garnier indique cette marche qui est aussi tracée par M. le Ministre de l'intérieur dans sa circulaire
du 24 juin 1836.

Dans le cas où, après avoir été mis en demeure de
prendre des arrêtés à cet égard, les maires négligeraient
ou refuseraient de dresser un règlement, nous pensons
que les Préfets ayant, sous le rapport de la police, les
mêmes attributions que les Maires, pourraient le faire
d'office.

Les agens-voyers rempliraient dans les communes
rurales les mêmes fonctions que les architectes-voyers
dans les villes, et ce serait d'après leur avis et le plan

qu'ils dresseraient, que les alignemens seraient donnés par les maires, sauf approbation par le Préfet.

Cette mesure nous paraît de la plus haute importance, tant dans l'intérêt général, que comme moyen de prévenir les difficultés, les haines et les procès que le voisinage engendre si souvent dans les campagnes. Nous insistons vivement sur son adoption.

10° M. Proudhon enseignait au n° 514 du Traité du domaine public, que les communes ne pouvaient, pour la prestation des journées, sous-diviser, comme du temps de la corvée, les travaux à faire sur les chemins en divers lots exécutés chacun par un certain nombre d'habitans ; il pensait que les corvées devaient être conférées en commun ou en masse, sans égard à aucune division tracée sur le sol.

Nous différons totalement d'opinion avec ce savant auteur sur l'utilité de ce mode d'exécution, auquel la loi nouvelle n'apporte aucun obstacle, et que le règlement préfectoral pourra au contraire prescrire.

Le travail exécuté sur une étendue déterminée, par un certain nombre d'habitans, sera plus utilement et mieux fait que si tous les habitans étaient rassemblés dans un même endroit. Réunis en trop grand nombre, ils se nuisent réciproquement, et sont d'autant moins disposés à utiliser leur temps, qu'il devient impossible d'exercer une surveillance sur chacun, et que la paresse des uns est contagieuse pour tous. Nous pensons même que le meilleur moyen serait celui déjà adopté dans plusieurs communes, d'évaluer les prestations en tâches que chacun pourrait faire aux jours et aux heures qui lui conviendraient le mieux, quoique cependant dans un délai déterminé. Ce mode, sans compliquer beaucoup plus la comptabilité, exigerait moins de sur-

veillance, gênerait moins la liberté individuelle, répar-
tirait la charge d'une manière plus exacte, et produirait
environ un tiers d'ouvrage de plus; il est recommandé
avec beaucoup d'instances par M. le Ministre de l'intérieur dans sa circulaire du 24 juin 1836, page 29; et
à la séance du 29 avril précédent, M. Humblot-Conté
en a fait le plus grand éloge, en rappelant les heureux
résultats qu'il avait eus dans plusieurs départemens. Exa-
minant la question de savoir si la prestation contre
laquelle plusieurs membres s'étaient élevés, rapportait
en fait tout ce qu'elle pouvait rendre, il s'exprime en ces
termes : «Non, quand elle sera exécutée de la manière
« dont s'exécutaient les corvées. Il est bien certain que
« lorsqu'on ordonne à tous les habitans de se rendre à
« un jour donné sur le chemin, pour exécuter leur
« prestation, cette prestation est très-imparfaitement
« exécutée. Dans quelques communes qui ont le bonheur
« d'avoir un maire très-zélé, celui-ci en prenant les
« habitans par pelotons, si je puis m'exprimer ainsi,
« et en assistant à leurs travaux, peut en tirer un bon
« parti; mais lorsque les maires sont moins zélés, ils
« font venir tous les habitans à la fois, et alors le travail
« se fait excessivement mal. C'est pour prévenir les
« inconvéniens d'un pareil mode, que l'on a imaginé
« dans certains départemens de convertir la prestation
« en tâches.... Les assujettis à ces prestations exécutent
« les travaux et les transports dans le temps qui leur
« convient le mieux; et tout le monde sait que dans
« les campagnes il y a un grand nombre de jours dont
« les habitans ne trouvent pas l'emploi. C'est précisé-
« ment de ces jours que les contribuables profitent
« pour acquitter leur prestation en nature. Lorsque le
« délai est expiré, et ce délai est toujours assez long,

« le maire accompagné de quelques autres personnes,
« vient sur le chemin, fait la reconnaissance de tous
« les travaux, et puis, à un jour donné, il convoque
« les autres habitans et leur fait répandre la pierre....
« Quand la prestation en nature se fera par le moyen
« de tâches, comme ce mode n'exige pas la présence
« du maire plusieurs jours de suite sur le chemin, qu'il
« ne demande que des ordres et des instructions, les
« maires s'y prêteront facilement. »

Comme nous l'avons déjà dit dans les notes sous
l'art. 4 ci-dessus, il n'est pas de moyen plus onéreux,
moins efficace et moins productif pour la réparation
des chemins, que la prestation en nature telle qu'elle
existe actuellement et qu'elle a été conservée par la loi
nouvelle. Nous ne doutons pas qu'elle eût été repoussée,
si dans les Chambres on avait lu le préambule si re-
marquable de l'édit de février 1776 sur la suppression
de la corvée. Il est impossible de démontrer avec plus
de force et par de meilleures raisons, les inconvéniens
de ce genre d'impôt. La plaie y est mise à nu; aussi le
ministre Turgot, principal auteur de la loi, ne put tenir contre les menées des privilégiés, et sa chute fut le
prix de sa courageuse indépendance, trop avancée pour
l'époque.

11.º Persuadés que nous sommes, comme nous l'a-
vons laissé pressentir dans tout le cours de ces notes,
que la loi eût été d'autant meilleure qu'elle eût moins
laissé au pouvoir de l'autorité municipale trop dissémi-
née en France, nous pensons que dans le règlement à
faire en vertu de l'article 21, MM. les Préfets devront,
en se réservant la part la plus large dans l'administration des voies qui nous occupent, centraliser autant
que possible en un fonds commun les ressources appli-

cables aux chemins vicinaux de toutes les classes, et faire partir aussi d'un centre commun la direction et l'exécution de tous les travaux. Si au lieu de ce mécanisme simple et d'un usage facile, on persistait à vouloir employer les ressorts de la commune, on créerait une machine compliquée, dont les rouages mal assortis et obéissant à des forces différentes, ne pourraient jamais se mouvoir avec ensemble et régularité.

12° Ce sera peu d'avoir créé une législation spéciale pour les chemins vicinaux et d'avoir établi de sages règlemens pour leur police et pour leur conservation, si l'on n'enseigne en même temps les moyens de les construire et de les réparer. Dans les campagnes, un utile emploi des ressources ne sera pas moins difficile à obtenir que les ressources elles-mêmes; et sans une bonne direction des travaux, les dépenses énormes qui seront faites chaque année, au lieu de produire les heureux résultats que l'on doit en attendre, deviendront un sujet malheureusement trop bien fondé de plaintes et de découragement. Rien n'est plus pénible en effet qu'un travail improductif, et l'on ne parviendra à faire exécuter la loi, qu'autant que les avantages qui en résulteront seront en rapport avec les sacrifices qu'elle impose; aussi l'un des principaux soins que devra avoir l'autorité supérieure, soit MM. les Préfets pour leurs départemens respectifs, soit plutôt M. le Ministre pour la France entière, sera de faire rédiger par des gens de l'art une instruction claire et à la portée de toutes les intelligences, dans laquelle seraient résumés en quarante ou cinquante articles les principes les plus simples et les méthodes les plus économiques pour le tracé, la construction, l'entretien annuel et les réparations des chemins vicinaux. Nous proposerons pour exemple de l'instruction telle que nous la concevons, celle *sur les travaux des chemins communaux*, publiée en 1831 dans l'excellent *Annuaire de la Moselle*, et reproduite textuellement dans le *Journal des connaissances utiles* (*année* 1832, tom. 1er, *pag.* 76, 77 et 78). Un semblable ouvrage imprimé à la suite du règlement que MM. les Préfets doivent adresser à toutes les communes, serait le seul moyen de donner aux habitans des campagnes et à leurs administrateurs immédiats des notions qui leur manquent et qu'ils n'iront certainement pas chercher dans des traités volumineux qu'ils ne pourraient comprendre, lors même qu'ils auraient les moyens et la volonté de se les procurer.

Nous ne terminerons pas nos observations sur cet article, sans présenter sur un passage du supplément au Traité des chemins de M. Garnier, une réflexion qui nous servira à faire bien comprendre l'esprit et la portée de la disposition qui nous occupe.

« Le Préfet, dit cet auteur, peut, en vertu de l'ar-
« ticle, 21, déterminer la distance des plantations d'ar-
« bres et de haies, la profondeur et la largeur des fossés,
« sans s'inquiéter des dispositions du Code civil, qui,
« dans le fait, sont inapplicables aux riverains des che-
« mins vicinaux. Nous croyons même qu'il pourrait les
« forcer à établir des fossés entre eux et la voie pu-
« blique, à frais communs. »

Il semblerait, d'après cette opinion, que les riverains d'un chemin vicinal seraient mis hors la loi, et que, par son arrêté, le Préfet pourrait disposer à son gré de leurs propriétés. Cela est bien vrai en ce sens que le Préfet, sauf recours au Conseil de préfecture, au Ministre et au Conseil d'état, peut déclarer l'utilité publique, et ainsi, rendre forcés la cession d'une propriété privée, ou l'établissement d'une servitude. Mais ce pouvoir ne peut s'exercer que sous la condition imposée, et avec les formes prescrites par l'article 9 de la Charte, et par les articles 15, 16 et 17 de la présente loi, c'est-à-dire au moyen d'une juste et préalable indemnité estimée par un jury ou des experts.

Ainsi le Préfet pourra ordonner qu'un fossé plus ou moins large sera creusé le long d'un chemin vicinal, en dehors de sa largeur actuelle, et par conséquent sur des propriétés privées; mais alors il y aura véritable expropriation pour cause d'utilité publique, et, par conséquent, nécessité d'une indemnité préalable.

Cette indemnité n'aurait pas lieu si, en vertu du droit commun, le riverain était déjà tenu, vis-à-vis un voisin ordinaire, de faire sans indemnité la chose prescrite par l'arrêté du Préfet. Ainsi, par exemple, si le règlement défend de planter des arbres le long des chemins à une distance moindre que celle prescrite par l'art. 671 du Code civil, il n'y aura lieu à aucun dédommagement, parce qu'en cela la commune ne fait qu'user d'un droit que pourrait exercer tout citoyen sans rien payer. Mais si par un motif quelconque, le règlement prescrivait une distance plus étendue, de trois ou quatre mètres par exemple, ou s'il ordonnait l'essartement du bois sur une largeur plus ou moins grande de chaque côté d'un chemin traversant une forêt, il y aurait évidemment lieu à indemnité, parce que la commune n'userait plus d'un droit lui appartenant d'après la loi commune et générale, mais exercerait le privilège d'expropriation forcée qui ne peut lui appartenir qu'à la condition du paiement d'une juste et préalable indemnité.

En disant que le Préfet pourrait forcer les riverains à établir *à frais communs* des fossés entre eux et la

voie publique, M. Garnier nous paraît avoir commis
une grave erreur, en ce qu'aux termes du Code civil, des
voisins ne peuvent être contraints à se séparer par des
fossés, et que celui qui veut les établir doit les creuser
sur son propre fonds, en laissant même une berge de
l'autre côté. La commune pourra bien en pratiquer
un soit en totalité soit en partie sur l'héritage joignant ;
mais loin de forcer le propriétaire à contribuer aux
frais de confection, elle devra lui payer le prix du terrain sur lequel elle le pratiquera.

ARTICLE XXII.

« Toutes les dispositions de lois antérieures de-
« meurent abrogées en ce qu'elles auraient de con-
« traire à la présente loi. »

C'est toujours avec peine que nous voyons nos lois se
terminer par cette formule banale, qui, loin de sim-
plifier la législation, en fait un chaos inextricable dans
lequel les jurisconsultes même les plus exercés ont peine
à se reconnaître. Vainement on proclame dans les Chambres que la codification doit être l'œuvre des compila-
teurs ; nous pensons au contraire que ce serait un
devoir du législateur de réunir toutes les dispositions
des lois antérieures auxquelles il veut conserver la force
légale. Ce n'est qu'à cette condition que la fiction, qui
suppose que tous les citoyens connaissent la loi, sera
juste, et ne dégénérera pas en tyrannie. Il faut que la
loi avertisse avant de frapper, disait l'illustre chancelier
d'Angleterre ; mais comment cet avertissement peut-il
exister, lorsqu'il faut suivre dans le dédale du Bulletin
des lois et des collections antérieures, des dispositions

incohérentes et souvent contradictoires qui constituent ce que l'on appelle notre législation sur telle ou telle matière?

Comme il faut nécessairement étudier et apprécier toutes les lois antérieures lorsqu'on en fait une nouvelle, il en coûterait bien peu au législateur de reproduire celles qu'il entend conserver; il aurait encore l'immense avantage de coordonner au moyen de légers changemens et souvent d'un seul mot, les dispositions qui, portées dans des circonstances différentes de celles actuelles, se heurtent avec son ouvrage, ou ne s'y rattachent qu'avec la plus grande difficulté. Pour la matière qui nous occupe, sept ou huit articles empruntés aux lois préexistantes, et particulièrement à celle du 28 juillet 1824, nous eussent doté d'un code complet, dont l'intelligence et les moyens d'application eussent été accessibles à tout le monde. Nous essaierons de remédier à ce vice en réunissant à la fin de ce volume les dispositions abrogées ou non des lois antérieures, ce qui épargnera des recherches longues et fastidieuses, et permettra de saisir dans son ensemble l'esprit de la législation.

Déjà dans le cours de ces notes, nous avons eu soin de signaler celles de ces dispositions que nous croyons être encore en vigueur. Leur rapprochement nous paraissant utile, nous allons les rappeler ici sommairement; elles consistent principalement dans les suivantes :

1.º Le Préfet déclarera, par un arrêté pris sur les délibérations des Conseils municipaux, la vicinalité des chemins reconnus être nécessaires à la communication des communes (art. 1er de la loi du 28 juillet 1824).

2.º L'administration centrale, remplacée par le

Préfet, fera dresser un état général des chemins vicinaux de son arrondissement, prononcera la suppression
de ceux reconnus inutiles, et en rendra l'emplacement
à l'agriculture. (*Arrêté du directoire du 23 messidor
an V; loi du 9 ventôse an XIII; Instr. minist. du 7
prairial an XIII*).

3.º Le recouvrement de la valeur des prestations non
acquittées en nature, ainsi que des cinq centimes additionnels, sera poursuivi comme pour les contributions
directes, les dégrèvemens prononcés sans frais, et les
comptes rendus comme pour les autres dépenses communales. (*Art. 5 de la loi du 28 juillet* 1824.)

4.º Les travaux indispensables qui ne pourraient être
exécutés avec le produit des prestations, le seront à
l'aide de contributions extraordinaires imposées conformément aux lois, par des ordonnances royales. (*Art. 6
de ladite loi*).

5.º Les acquisitions, aliénations et échanges ayant
pour objet les chemins vicinaux, seront autorisés par
arrêtés des préfets, après délibérations des Conseils municipaux (*Art. 10 de la même loi, 1.er alinéa*); mais
sans avis des Conseils de préfecture, sans enquête *de
commodo*, et sans égard à la valeur des terrains à acquérir, vendre ou échanger, lors même que cette valeur excéderait trois mille francs.

6.º Il est une autre disposition écrite dans l'art. 41
de la loi du 6 octobre 1791, sur la police rurale, et
que nous considérons comme toujours subsistante. Elle
est ainsi conçue : «Tout voyageur qui déclora un champ
« pour se faire un passage dans sa route, paiera le dom-
« mage fait au propriétaire, et de plus une amende de la
« valeur de trois journées de travail; à moins que le juge
« de paix du canton ne décide que le chemin public était

« impraticable; et alors, les dommages et les frais de
« clôture seront à la charge de la communauté. »

Cette disposition, que l'on trouve déjà écrite dans
la loi des douze Tables (*Tab.* 8, *ch.* 9), dans le Digeste (*Liv. XLIII, tit.* 8 *et loi* 14, *liv. VIII, tit.* 6)
et dans la loi anglaise, était, on peut le dire, la seule
sanction que présentait la législation précédente, mais
sanction trop incomplète, puisqu'elle était subordonnée au fait d'un individu, qu'elle était accidentelle, et
qu'elle donnait lieu à des enquêtes, à des expertises et
à des procès fort dispendieux.

Quoiqu'il soit à présumer qu'au moyen de la nouvelle loi les chemins seront mis en bon état de viabilité,
s'il arrivait cependant que quelques parties devinssent
impraticables, fût-ce même par l'effet d'un événement
de force majeure, tel qu'une inondation, une avalanche,
etc., le voyageur qui se trouverait arrêté pourrait passer dans la propriété voisine, même en en détruisant la
clôture, et ce serait la commune qui devrait payer les
frais de réparation ainsi que les dommages et intérêts.

Lorsque le fait d'impossibilité de passage par le chemin est constaté, la commune n'est pas simplement
tenue par voie de garantie au profit du voyageur con-
damné personnellement; c'est elle-même qui doit être
condamnée directement, le voyageur préalablement
mis hors de cause avec dépens contre elle.

Dans une semblable instance la commune peut être
appelée en garantie soit par l'individu prévenu d'avoir
causé le dommage, soit par le maître du fonds qui l'a
éprouvé; nous croyons même que ce dernier, sans
poursuivre le voyageur, pourrait s'adresser en premier
lieu et uniquement à la commune, et qu'il devrait obtenir gain de cause s'il prouvait, d'une part, que son

héritage a été endommagé par des faits de passage, et, d'un autre côté, que le chemin était réellement impraticable, et que c'est à cette cause qu'est due la perte qu'il éprouve. La présence d'une tierce personne, qui doit nécessairement être mise hors de cause, est absolument inutile, et ne peut avoir aucune influence sur le sort du procès qui doit alors se juger entre le propriétaire riverain et la commune.

Le voyageur pourra aussi, en justifiant que le chemin était impraticable, demander à être sur le champ renvoyé de l'action sans attendre que les longues formalités établies par la loi pour mettre les communes en jugement aient été remplies.

Nous estimons que l'action doit être portée devant le juge de paix du canton, lors même que la demande excéderait cent francs, ou serait d'une valeur indéterminée, parce que c'est ici une attribution de juridiction faite spécialement aux juges de paix par un texte formel non abrogé, et que, d'un autre côté, cette action rentre dans celles pour dommages aux champs, fruits et récoltes, pour lesquelles la loi du 24 août 1790 et l'article 3 du Code de procédure civile attribuent compétence aux juges de paix, à quelque somme que l'objet de la demande puisse s'élever.

L'action contre le voyageur peut encore être poursuivie devant le tribunal de simple police ou devant le tribunal correctionnel. Dans ces cas, aucune amende ne devra être prononcée contre lui, même avec recours contre la commune, parce qu'il n'a fait qu'user d'un droit légitime; que, par conséquent, il n'a commis aucune contravention, et que l'amende est une peine qui n'est encourue qu'en cas d'infraction à la loi. Le législateur a si peu entendu que l'amende fût

prononcée, qu'il n'a mis que les dommages et les frais
de clôture à la charge de la commune, sans parler de
l'amende, laquelle, bien certainement, ne doit pas
rester au compte du voyageur.

Celui-ci doit sortir indemne :

1.º Quel que soit le genre de clôture qu'il ait été
obligé d'ouvrir, soit haies vives ou sèches, clôtures en
planches, soit même murs et portes si la nécessité
l'exigeait.

2.º Non-seulement lorsqu'il a passé à pied, mais encore avec chevaux et voitures, sans qu'on puisse lui
objecter qu'il aurait dû abandonner sa voiture sur la
voie publique, et aller chercher des secours et des relais pour surmonter les obstacles que la route présentait.

3.º Et lors même qu'en passant, il aurait occasionné
plus de dommage qu'il n'était indispensable d'en causer,
comme si par exemple, il avait traversé une vigne ou
un champ ensemencé plutôt qu'un pré, s'il avait fait
un détour un peu plus grand qu'il n'était nécessaire,
pourvu toutefois qu'il n'ait pas agi avec esprit de malice
et dans l'intention de nuire.

Nous pensons avec M. Isambert (*Traité de la voirie, première partie, pag.* 370) que la disposition de
la loi de 1791 s'applique également aux rues des bourgs
et villages, et que tout encombrement, toute excavation, en un mot tout fait qui rendrait ces rues impraticables, donnerait au voyageur à pied, à cheval ou
en voiture le droit de chercher un passage partout,
même en causant quelque préjudice aux murs, aux
arbres voisins ou aux objets déposés sur la voie publique,
sauf indemnité à la charge de la commune.

Le même auteur étend le principe de la responsabi-
lité des communes en pareil cas, jusqu'à les contrain-

dre à payer toute fracture et accidens arrivés aux mar-
chandises, aux bestiaux et aux individus, par suite du
mauvais état du chemin. Il applique rigoureusement la
disposition de l'art. 1382 du Code civil, qui porte que
tout fait quelconque qui cause à autrui un dommage,
oblige son auteur à le réparer.

COMPÉTENCE

ET ATTRIBUTIONS DES DIVERSES AUTORITÉS

EN FAIT DE CHEMINS VICINAUX.

Après avoir expliqué chacun des articles de la loi du
21 mai 1836, nous croyons utile, en résumant les notions contenues dans ce commentaire, de réunir et
de présenter en quelque sorte dans un tableau synop-
tique, les règles de compétence des diverses autorités
qui ont à exercer un pouvoir par rapport aux chemins
vicinaux.

Ce pouvoir, qui consiste à les créer, les conserver
et les administrer; à décider les questions de propriété
et de servitudes auxquelles ils peuvent donner lieu; à
rechercher et constater les délits et contraventions,
et à en punir les auteurs, est réparti entre quinze
autorités, savoir :

1° Les Maires et adjoints des communes;

2° Les Conseils municipaux ;

3° Les Sous-Préfets;

4° Les Conseils d'arrondissement;

5° Les Préfets;

6° Les Conseils de préfecture ;

7° Les Conseils généraux de département ;

8° Le Ministre de l'Intérieur ;

9° Le Conseil d'Etat ;

10° Les tribunaux de police ;

11° Les tribunaux correctionnels ;

12° Les Juges de paix ;

13° Les tribunaux civils d'arrondissemens ;

14° Les Cours royales ;

15° Et la Cour de cassation.

Reprenons en peu de mots ce qui concerne chacune de ces autorités.

I° MAIRES ET ADJOINTS.

Il appartient à ces fonctionnaires :

1.° De veiller à « tout ce qui intéresse la sûreté et la « commodité du passage dans les ru   quais, places « et *voies publiques ;* ce qui comprend le nettoiement, « l'illumination, l'enlèvement des encombremens, la « démolition ou la réparation des bâtimens menaçant « ruine, l'interdiction de rien exposer aux fenêtres ou « autres parties des bâtimens qui puisse nuire par « sa chute, et celle de rien jeter qui puisse blesser « ou endommager les passans, ou causer des exhalai- « sons nuisibles. » (*Art* 3, *tit. XI de la loi du* 24 *août* 1790.) Et en conséquence de prendre des arrêtés sur ces divers objets (*Art.* 18 *et* 46 *de la loi du* 22 *juillet* 1791).

2.° De prendre aussi des arrêtés pour faire traduire au tribunal de simple police celui qui aurait refusé ou négligé d'accomplir sa corvée ou sa tâche pour la réparation du chemin vicinal (*Arrêt de la Cour de cassation du* 24 *décembre* 1813).

3.° De dresser, comme gardiens et surveillans de la

petite voirie, et officiers de police judiciaire, des procès-verbaux pour constater les délits et contraventions
commis sur les chemins vicinaux, ou qui y causent du
dommage.

Ils prennent ensuite un arrêté particulier pour en-
joindre aux contrevenans de rétablir les lieux dans leur
premier état; faute de quoi, et passé le délai qu'ils ont
fixé, ils doivent envoyer leurs procès-verbaux à l'autorité compétente pour statuer sur la répression, c'est-à-
dire au Conseil de préfecture, lorsqu'il s'agit de simple
anticipation; au Procureur du roi, lorsque le délit est
de la compétence du tribunal correctionnel; et au Ministère public près le tribunal de simple police,
lorsqu'il ne s'agit que d'une contravention. Mais ils
ne pourraient, sans abus de pouvoir, faire procéder de
leur chef et avant que le tribunal de police eût prononcé, à la démolition des constructions et ouvrages
qui anticiperaient sur la voie publique; ils ne doivent
que faire mettre à exécution le jugement lorsqu'il est
passé en force de chose jugée.

Le droit de constater les délits et contraventions relatifs aux chemins vicinaux, n'est pas exclusivement attribué aux maires et adjoints; il appartient également à
tous les autres officiers de police judiciaire, tels que
commissaires de police, gardes-champêtres, etc., ainsi
qu'aux gendarmes et aux agens-voyers institués par
l'article 11 de la loi du 21 mai 1836.

4° De prendre des mesures pour la démolition des
édifices menaçant ruine et particulièrement des murs
de face, lorsque, conformément aux déclarations du
Roi des 18 juillet 1729 et 18 août 1730, ainsi qu'à un
arrêt du Conseil du 19 mars 1823 (*Macarel, tome 5,
pag.* 209), l'inclinaison et le surplomb de ces murs
excèdent la moitié de leur épaisseur.

Dans ce cas, et à la différence de celui où il ne s'agit que d'anticipation, les maires et adjoints peuvent, s'il y a urgence, faire exécuter directement la démolition, sans attendre le jugement du tribunal de police, parce que c'est là une mesure qui intéresse au plus haut point la sûreté publique. (*Arrêts du Conseil du 16 juin 1824, et de la Cour de cassation, du 12 avril 1822. — Macarel, tom. 6, pag. 331. — Recueil de Dalloz, 1822, pag. 373.*)

5.º De donner des alignemens pour les constructions sur les chemins vicinaux ou dans les rues et places des villes et villages, lorsqu'un arrêté émanant d'eux ou du Préfet aura prescrit préalablement cette mesure.

6.º De représenter, en demandant ou en défendant, la commune dans tous les procès civils ayant pour objet l'existence et la conservation intégrale des chemins vicinaux.

7.º de représenter également la commune dans les instances en expropriation forcée de terrains nécessaires à l'ouverture, au redressement ou au rélargissement des chemins, ainsi que dans celles ayant pour objet de procurer les matériaux nécessaires à la confection, à l'entretien ou à la réparation de ces chemins.

8.º De dresser, contradictoirement avec les propriétaires d'exploitations industrielles ou d'usines, des procès-verbaux de reconnaissance de l'état des chemins exposés à des dégradations de la part de ces exploitations ou usines. (*Art. 14 de la loi du 21 mai 1836*).

IIº CONSEILS MUNICIPAUX.

Ces Conseils ont à délibérer :

1.º Sur l'ouverture ou le redressement des chemins dont la vicinalité doit être déclarée par le Préfet. (*Article 1 de la loi du 28 juillet 1824*).

2° Sur les prestations en nature et centimes spéciaux additionnels jusqu'à concurrence de cinq, nécessaires pour la confection et l'entretien des chemins vicinaux. (*Art.* 2 *de la loi du* 21 *mai* 1836.)

3° Sur les contributions extraordinaires qu'il faudrait ajouter au produit des prestations et centimes, si ce produit était insuffisant pour des travaux indispensables; dans ce cas le Conseil devrait être assisté des plus imposés, en nombre égal à celui de ses membres. (*Art.* 6 *de la loi du* 28 *juillet* 1824; *art.* 39 *et* 41 *de la loi du* 15 *mai* 1818.)

4° Sur l'établissement du rôle des prestations de trois journées de travail, prescrit par l'art. 3 de la loi de 1836.

5° Sur la fixation des bases et évaluations de travaux d'après lesquelles s'opérera la conversion en tâches des prestations non rachetées en argent. (*Art.* 4 *de ladite loi.*)

6° Sur la désignation des communes qui devront concourir à la construction ou à l'entretien d'un chemin vicinal ordinaire, intéressant plusieurs localités, et sur la fixation de la proportion dans laquelle chacune desdites communes sera appelée à y contribuer. (*Art.* 6 *id.*)

7° Sur l'opportunité d'élever au rang de chemins de grande communication, des chemins vicinaux ordinaires, ainsi que sur la direction de ces chemins, leurs largeurs et limites, la désignation des communes qui doivent contribuer à leur construction ou entretien, la fixation de la proportion dans laquelle chaque commune doit concourir aux réparations de la ligne vicinale dont elle dépend. (*Art.* 7 *id.*)

8° Sur la nécessité du déclassement d'un chemin vicinal et sur l'emploi à en faire , soit en le conservant comme chemin public, soit en en cédant le terrain aux propriétaires riverains. (*Art.* 19.)

9° Sur les procès civils que les communes pourront avoir à soutenir ou à intenter relativement à la propriété de leurs chemins vicinaux.

III° SOUS-PRÉFETS.

Indépendamment des avis que ces fonctionnaires sont appelés à donner sur tous les actes d'administration concernant leur arrondissement, ils sont spécialement chargés par l'article 17 de la loi nouvelle , de nommer, dans l'intérêt des communes, un expert pour les cas des articles 14, 15, 17 et 19.

IV° CONSEILS D'ARRONDISSEMENS.

Les attributions de ces Conseils sont très limitées , elles se bornent :

1° A proposer annuellement la fixation de la valeur en argent des prestations en nature pour chaque espèce de journée et par catégories de communes. (*Art.* 4 *de la loi de* 1836.)

2° A émettre leur avis sur l'établissement et la direction des chemins vicinaux de grande communication, et sur la désignation des communes qui doivent contribuer à leur construction et à leur entretien. (*Art.* 7 *id.*)

V° PRÉFETS.

Les Préfets sont chargés :

1° De déclarer et de reconnaître la vicinalité des chemins existans ; d'ordonner l'ouverture de nouveaux chemins, de prescrire leur redressement, de fixer leur largeur et leurs limites , sans préjudice, dans tous ces

cas, des questions de propriété foncière qui peuvent
s'élever à raison du sol et par rapport à une viabilité
plus large qui leur serait assignée. (*Art.* 1er *de la loi
du 28 juillet* 1824; *art.* 15 *et* 16 *de celle du* 21 *mai*
1836.)

2° De faire dresser dans le département un état des
chemins vicinaux, en se conformant aux dispositions de
l'instruction du Ministre de l'intérieur du 7 prairial an
XIII. (*Art.* 1 *de l'arrêté du Directoire du* 23 *messidor
an* V; *art.* 6 *de la loi du* 9 *ventôse an* XIII, *et* 1 *de la
loi du 28 juillet* 1824.)

3° De déclasser les chemins vicinaux ordinaires,
soit en leur laissant toujours la qualité de chemins publics, soit en les supprimant comme inutiles, et en en
faisant ainsi passer le sol, du domaine public dans le
domaine communal, pour en doter l'agriculture. (*Art.*
3 *et* 4 *de l'arrêté du Directoire du* 23 *messidor an* V.)

4° D'imposer d'office la commune dans les limites
du maximum des prestations et centimes, pour le cas
où le Conseil municipal mis en demeure n'a pas voté
dans la session désignée à cet effet les prestations et
centimes; ou de faire exécuter les travaux, si la commune n'a pas fait emploi, dans les délais prescrits, des
ressources votées. (*Art.* 5 *de la loi de* 1836.)

5° De désigner, sur l'avis des Conseils municipaux,
les communes qui doivent concourir à la construction
et à l'entretien d'un chemin qui les intéresse, et de
fixer la proportion pour laquelle chacune d'elles doit y
contribuer. (*Art.* 6 *id.*)

6° De proposer au Conseil général les chemins qu'il
convient de classer parmi ceux de grande communication, en indiquant leur direction et les communes qui

doivent contribuer à leurs construction et entretien.
(*Art.* 7 *id.*)

7° De fixer la largeur et les limites des chemins de
grande communication, de déterminer annuellement
la proportion dans laquelle chaque commune doit concourir à l'entretien de la ligne vicinale, et de statuer
sur les offres faites par les particuliers, associations ou
communes. (*Art.* 7 *id.*)

8° De distribuer entre les communes les subventions
destinées aux chemins de grande communication.
(*Art.* 8 *id.*)

9° D'exercer une surveillance spéciale sur les chemins de grande communication et de régler tout ce qui
les concerne. (*Art.* 9 *id.*)

10° De nommer des agens-voyers, lorsqu'ils croiront
ne pas devoir employer les ingénieurs et agens des ponts
et chaussées, et de recevoir le serment de ces voyers.
(*Art.* 11.)

11° De dresser le rôle spécial d'après lequel les propriétés de l'état contribueront aux dépenses des chemins vicinaux. (*Art.* 13.)

12° D'autoriser les extractions de matériaux, les
dépôts et occupations temporaires de terrain pour les
réparations des chemins vicinaux. (*Art.* 17.)

13° De choisir, comme faisant les fonctions de Sous-
Préfet dans les arrondissemens où il n'y en a pas, l'expert qui, avec celui nommé par le propriétaire, doit
régler les indemnités dans le cas des articles 14, 15, 17
et 19. (*Art.* 17.)

14° De faire dans l'année de la promulgation de la
loi de 1836, un règlement qui devra être approuvé
par le Ministre, et qui comprendra entre autres objets,
ceux énumérés dans l'article 21.

15° D'homologuer et de rendre exécutoires les rôles faits par les Conseils municipaux, soit pour la distribution des prestations, soit pour la levée des centimes additionnels. (*Art. 5 de la loi du 28 juillet* 1824.)

16° D'autoriser les acquisitions, aliénations ou échanges de terrain, ayant pour objet les chemins vicinaux. (*Art.* 10 *de la loi de* 1824.)

17° D'ordonner le rétablissement provisoire des chemins vicinaux supprimés ou interceptés. (*Décrets du* 17 *prairial an* XIII; 11 *avril* 1810; 19 *mai* 1815; *ordonnances des* 18 *juillet* 1821, 16 *février* 1825 *et* 1 *mars* 1826.)

18° De vérifier ou déclarer si tel chemin prétendu vicinal est grande route et *vice versâ*. (*Ordonnances des* 24 *mars et* 23 *juin* 1819, — 15 *août* 1821.)

19° De régler, mais pour ce cas seulement en Conseil de préfecture, c'est-à-dire après avoir pris son avis, les abonnemens de subvention à la charge des exploitations et entreprises qui dégradent les chemins. (*Art.* 14 *de la loi de* 1836.)

VI° CONSEILS DE PRÉFECTURE.

La juridiction de ces Conseils s'étendra aux cas suivans :

1° Ils prononceront sans frais sur les demandes en dégrèvement de prestations. (*Art. 5 de la loi de* 1824.)

2° Ils régleront annuellement, sur la demande des communes et après des expertises contradictoires, les subventions à la charge des exploitations et entreprises qui dégradent les chemins. (*Art.* 14, *loi de* 1836.)

3° Ils fixeront, sur rapport d'experts, les indemnités dues pour extraction de matériaux, dépôts ou enlèvemens de terre et occupations temporaires de terrain.

(*Art.* 17 *id.* — *Voyez pour les différens cas qui peu-*
vent se présenter, le commentaire sur ledit article.)

4° Ils nommeront le tiers-expert dans les cas prévus
par les articles 14, 15, 17 et 19. (*Art.* 17.)

5° Ils autoriseront les communes à intenter ou à soutenir les procès relatifs aux questions de propriété qui
pourraient s'élever par rapport à leurs chemins. (*Edit*
d'août 1683. — *Déclaration du Roi, du* 2 *octobre*
1703. — *Arrêt du Cons. d'Etat, du* 8 *mai* 1713. —
Edit du mois d'août 1764. — *Art.* 3 *de la loi du* 29
vend. an V. — *Loi du* 28 *pluv. an* VIII. — *Arrêté du*
Gouvernement, du 17 *vendémiaire an* X. — *Code de*
proc. civ., art. 1032.)

6° Ils autoriseront également les tiers qui auraient à
intenter contre une commune des actions mobilières
pour indemnités. (*Edit de* 1783. — *Arrêté du* 17
vendémiaire an X. — *Avis du Conseil d'Etat, des* 3
juillet 1806, 12 *août* 1807 *et* 26 *mai* 1813.)

7° Ils réprimeront les anticipations commises sur
les chemins vicinaux, mais sans connaître des dégradations ni des usurpations totales, ainsi que nous l'avons
expliqué dans les notes sous l'article 21, § 2; et comme
tribunal de voirie, ils ordonneront la destruction de
l'œuvre nouvelle qui intercepte le passage, et prescri-
ront le rétablissement des lieux. (*Décret du* 14 *no-*
vembre 1807; *Ordon. des* 30 *août* 1814, 6 *déc.* 1820,
28 *déc.* 1825 *et* 1er *mars* 1826.)

Ils ordonneront également d'arracher les arbres dont
la plantation tendrait à changer la largeur ou la direction des chemins fixée par le Préfet. (*Loi des* 9 *vent.*
an XII, 9 *vent. an* XIII; *Instruct. minist. du* 7 *prairial*
an XIII.)

Les poursuites qui ont lieu devant les Conseils de

préfecture dans les cas ci-dessus, étant purement civiles, ne peuvent empêcher la répression des délits
pardevant les tribunaux qui en sont spécialement
chargés. (*Décrets des 18 août 1807, 11 avril, 7 août
1810, 12 décembre 1811 et 15 juin 1812.*)

8° Ils déclareront si un contrat de vente nationale
comprend un chemin vicinal litigieux entre deux acquéreurs ou entre un acquéreur et une commune.
(*Loi du 28 pluv. an VIII, art. 4. — Ordon. des 24
déc. 1818, 23 juin, 18 sept. 1819, 18 juin 1823.*)

9° Ils prononceront l'amende encourue aux termes
de l'Ordonnance royale du 29 octobre 1828 par ceux
qui seront trouvés même sur les chemins vicinaux et
autres, ou dans les rues, avec des voitures dont les
moyeux excèdent de 12 centimètres le plan extérieur
des jantes.

VII° CONSEILS GÉNÉRAUX.

La loi nouvelle a conféré aux Conseils généraux un
assez grand nombre d'attributions, dont quelques-unes
même rentrent dans le pouvoir d'administration.

1° Ils fixent annuellement la valeur de chaque espèce de journée, par catégories de communes, afin de
faciliter la conversion en argent de la prestation en
nature. (*Art. 4.*)

2° Ils reçoivent chaque année et examinent l'état des
impositions établies d'office par les Préfets, pour les
communes qui ont négligé ou refusé de voter les prestations et centimes nécessaires ou d'en faire emploi.
(*Art. 5.*)

3° Ce sont eux qui, sur la proposition du Préfet et
d'après l'avis des Conseils municipaux et des Conseils
d'arrondissement, font passer dans la classe des chemins de grande communication les chemins déjà dé-

clarés vicinaux par le Préfet et qui, en déterminant la
direction de ces chemins, désignent les communes qui
doivent contribuer à leur construction et à leur entretien. (*Art.* 7.)

4° Sur les mêmes proposition et avis, ils déclassent
les chemins vicinaux de grande communication, en leur
laissant le caractère de chemins vicinaux ordinaires.

5° Ils votent annuellement jusqu'à concurrence d'un
maximum, déterminé aussi chaque année par la loi de
finances, les centimes spéciaux destinés à fournir avec
les centimes facultatifs ordinaires, des subventions
pour les chemins de grande communication, et dans
les cas extraordinaires, pour les simples chemins vicinaux. (*Art.* 8 *et* 12.)

6° Ils reçoivent chaque année le compte que les Préfets doivent leur rendre de la distribution des subventions entre les différentes communes. (*Art.* 8.)

7° Ils fixent le traitement des agens-voyers. (*Art.* 11.)

8° Ils présentent leurs observations sur le réglement
que le Préfet est chargé par l'article 21, de faire dans le
cours de l'année. (*Art.* 21.)

VIII° MINISTRE DE L'INTÉRIEUR.

Ce ministre n'a de compétence en matière de chemins vicinaux que dans les cas suivans :

1° Pour recevoir l'appel des arrêtés des Préfets
qui ont fixé la largeur et le classement des chemins,
déclaré leur vicinalité, tracé leur direction, ordonné
leur établissement ou suppression (*ordonn. des* 24
décemb. 1823 *et* 13 *juillet* 1825), sauf recours, s'il y
a lieu, au Conseil d'État. (*Ordon. du* 11 *mars* 1826.)
Le recours devant le Ministre n'est pas suspensif.
(*Ordon. de décembre* 1825 *et du* 1er *mars* 1826.)

2° Pour approuver le règlement que chaque Préfet est chargé de faire dans le cours de l'année, par l'article 21 de la loi nouvelle.

3° Pour régler ce qui concernerait les chemins vicinaux ordinaires ou de grande communication qui s'étendraient entre deux communes situées dans deux départemens différens.

IX° CONSEIL D'ÉTAT.

Ce Conseil est chargé de statuer par voie contentieuse :

1° Sur les décisions du Ministre de l'intérieur confirmatives des arrêtés des Préfets, qui ont lésé les intérêts des communes ou des particuliers, ou qui ont statué incompétemment sur des questions qui appartiennent soit aux Conseils de préfecture, soit aux tribunaux.

2° Sur les arrêtés des Conseils de préfecture attaqués par les parties soit au fond, soit pour excès de pouvoir. (*Ordon. du 17 août 1825*).

3° Sur les mêmes arrêtés attaqués par le Ministre de l'intérieur, dans l'intérêt de la loi.

4° Sur les demandes formées par les communes ou par les particuliers, en maintenue provisoire des chemins dont la propriété est contestée, jusqu'au jugement définitif. (*Décrets du 17 prairial an XIII; 24 mars 1809; 3 octobre 1811; 13, 21 janv. et 7 février 1813. — Ordon. des 20 et 23 janvier 1820.*)

X° TRIBUNAUX DE POLICE.

Ces tribunaux qui sont composés soit du juge de paix, soit du maire, selon les distinctions établies par les articles 139 et suiv., 166 et suiv. du Code d'ins-

truction criminelle, et qui ont compétence pour statuer sur toutes les contraventions qui peuvent donner
lieu à une amende moindre de 15 francs ou à un emprisonnement de cinq jours ou au dessous, connaîtront :

1° Des dégradations ou détériorations commises par
quelque moyen que ce soit sur les chemins publics,
ainsi que des usurpations sur leur largeur. (*Art.* 479
du Code pénal, n° 11.)

2° De la négligence ou du refus d'exécuter les règlemens ou arrêtés concernant la petite voirie ; des contraventions aux règlemens légalement faits par l'autorité
administrative, notamment à celui que les Préfets doivent dresser en vertu de l'article 21 de la loi sur les
chemins vicinaux ; enfin de l'inexécution des arrêtés
publiés par l'autorité municipale, en vertu des articles
3 et 4, tit. 11 de la loi du 16-24 août 1790 et de l'article 46, tit. 1 de la loi du 19-22 juillet 1791. (*Code
pénal, art.* 471, *n*ᵒˢ 5 et 15.)

3.° Des contraventions aux n.ᵒˢ 4, 6, 7 de l'article
471, — 3, 4 et 5 de l'article 475, — et 4 de l'art. 479
du Code pénal.

— Un tribunal de police ne peut se déclarer incompétent pour connaître de la contravention à un arrêté de
l'autorité municipale, sous le prétexte que la peine
prononcée par cet arrêté excède celle que les tribunaux
de police ont le droit de prononcer d'après l'art. 466
du Code pénal. Dans ce cas, le tribunal doit appliquer
l'une des peines de sa compétence, sans égard à celle
portée dans l'arrêté (*Arrêts de la Cour de cassation
des* 30 *juillet* 1806, 4 *mai* 1810, 12 *novembre* 1813,
10 *avril* 1819, *et* 10 *avril* 1823).

— Lorsqu'il a été formellement statué par une loi sur
des objets confiés à la vigilance de l'autorité municipale,

cette autorité ne peut, par des arrêtés, qu'ordonner
l'exécution de la loi sans rien ajouter à ses dispositions, et sans en rien retrancher. (*Arrêt de la Cour de
cassation du* 10 *décembre* 1824).

— La réclamation portée devant l'autorité administrative supérieure, contre un arrêté du Maire rendu sur
une matière de sa compétence, n'en suspend point
l'exécution. Les tribunaux de police sont obligés d'appliquer les arrêtés des Maires, quoiqu'ils n'aient pas
encore été approuvés par les Préfets, et jusqu'à ce
qu'ils aient été réformés par ces magistrats ou par le
Ministre. (*Loi du* 22 *juillet* 1791, *tit* 1, *art.* 46. —
Arrêts de la Cour de cassation du 6 *juin* 1807, *et du*
1.er *février* 1822. *Journal de Dalloz vol.* 1807; *sup.*
pag. 123.—*Sirey, tome* 22, *pag.* 235).

— Les arrêtés municipaux pris hors des attributions
des autorités municipales, encore bien qu'ils soient approuvés par le Préfet, et non rapportés par l'autorité
supérieure, ne sont obligatoires ni pour les particuliers
ni pour les tribunaux. (*Arrêts de la Cour de cassation*
très-nombreux, et notamment des 1er *avril et* 16 *dé-*
cembre 1826, 14 *août* 1830, 26 *mars* 1831, 16 *février*
1833, 18 *janvier* 1834.)

— Les tribunaux de police sont compétens, non-seulement pour prononcer l'amende, mais encore pour ordonner la démolition des constructions qui dépassent
l'alignement ou qui sont faites en contravention aux
arrêtés municipaux. (*Arrêts de la Cour de cassation*
des 12 *avril* 1822, 18 *septembre* 1828, 7 *août* 1829,
et 26 *mars* 1830.—*Sirey,* 22-1-377 — 29-1-78 *et* 394
— 30-1-304).

XI° TRIBUNAUX CORRECTIONNELS.

Sont de la compétence de ces Tribunaux tous les délits relatifs aux chemins vicinaux, à la destruction des arbres, fossés, haies, bornes, travaux d'art, etc., qui sont punis d'une peine excédant 15 francs d'amende ou cinq jours d'emprisonnement, notamment dans les cas prévus par les articles 437, 444, 445, 446, 448, 456, 457 du Code pénal, etc.

M. Garnier, (*Traité des chemins, chap. IX*, 2.ᵉ *partie, sect.* 2, § 2, *art.* 1), pense que l'article 438 du Code pénal relatif à ceux qui, par voies de fait, se seront opposés à la confection de travaux autorisés par le gouvernement, n'est point applicable aux travaux exécutés sur les chemins vicinaux, ou à l'extraction des matériaux destinés à ces voies, si ce n'est peut-être dans le cas où les ouvrages auraient été autorisés et adjugés dans la forme suivie pour ceux du gouvernement.

XII° JUGES DE PAIX.

1.° C'est par ces magistrats qu'est réglée, sur rapport d'experts, l'indemnité en laquelle se résout le droit des propriétaires riverains d'un chemin vicinal qui a été élargi sur leurs propriétés. (*Art.* 15, *loi de* 1836).

2.° Ils peuvent être désignés par le tribunal civil pour présider et diriger le jury chargé de régler les indemnités en cas d'ouverture ou de redressement d'un chemin vicinal. (*Art.* 16, *idem.*)

3° Comme juges des actions possessoires, on ne voit guère de cas dans lesquels les communes pourraient s'adresser à eux relativement aux chemins vicinaux, puisque ces chemins ne peuvent avoir ce caractère qu'au moyen d'une déclaration expresse faite par le Préfet, laquelle attribue définitivement au chemin le sol compris dans les limites ; en sorte que les entreprises qui pourraient ultérieurement être commises sur ce chemin constitueraient des délits ou contraventions de la compétence des Conseils de préfecture, des tribunaux correctionnels ou de simple police.

La seule hypothèse dans laquelle il nous paraît qu'il pourrait y avoir lieu à action possessoire, serait celle où, en reconnaissant une vicinalité préexistante, le Préfet comprendrait dans les limites du chemin quelques portions de terrain qu'il déclarerait en être une dépendance, tandis que le voisin soutiendrait en avoir la possession à titre de maître. Ce voisin aurait intérêt à faire constater sa possession pour établir son droit à une indemnité. Mais en accueillant cette action, le Juge de paix devrait se borner à déclarer le fait de possession, et s'abstenir de rien prononcer qui pût contrarier l'exécution de l'arrêté administratif; il ne pourrait pas notamment ordonner la réintégrande du voisin dans la possession du terrain considéré comme chemin. (*Arrêts du Conseil d'état des 18 juillet 1821, 22 janvier 1824 et 16 février 1825.*)

La commune pourrait aussi avoir intérêt dans le même cas, à intenter l'action possessoire à l'effet de faire constater sa possession annale qui est un acheminement à la propriété, et qui ne résulte pas de la vicinalité, parce qu'alors elle n'aurait pas d'indemnité à payer.

XIII° TRIBUNAUX CIVILS.

L'office des tribunaux civils, par rapport aux chemins vicinaux, peut être invoqué dans trois cas :

1° Ce sont ces tribunaux qui, lorsqu'il s'agit de l'ouverture ou du redressement des chemins vicinaux, prononcent l'expropriation pour cause d'utilité publique des terrains nécessaires à la confection du chemin, et qui désignent soit un de leurs membres, soit le Juge de paix du canton, pour présider le jury. Leurs jugemens dans ce cas, bien que portant sur des valeurs indéterminées, ne sont pas susceptibles d'appel; ils ne peuvent être attaqués que par le recours en cassation. (*Article 20 de la loi du 7 juillet* 1833).

2° Nous pensons que dans le cas où l'administration voudrait s'emparer d'un terrain pour l'acquisition duquel les formalités de la loi du 7 juillet 1833 n'auraient pas été remplies, ou ne l'auraient été qu'incomplètement, ce serait encore au tribunal civil que les parties intéressées devraient s'adresser pour obtenir un sursis à leur dépossession. C'est ce qui résulte de l'article 15 de la loi du 8 mars 1810, et de l'article 14 de celle du 7 juillet 1833. Le premier de ces articles porte : « Si
« le tribunal prononce que les formes n'ont pas été
« remplies, il sera indéfiniment sursis à toute exécu-
« tion, jusqu'à ce qu'elles l'aient été, et le Procureur
« impérial, par l'intermédiaire du Procureur général,
« en informera le Grand-Juge qui fera connaître à
« l'Empereur l'atteinte portée à la propriété par l'ad-
« ministration. »

Ces articles attribuent ici une compétence formelle aux tribunaux civils, quoiqu'il s'agisse d'une véritable question possessoire qui, dans toute autre circonstance, devrait être portée pardevant le Juge de paix.

La marche à suivre par les propriétaires que l'on voudrait priver de leurs terrains, serait de faire citer le Maire devant le tribunal civil en demandant la main-

tenue dans leur jouissance et possession, avec défense
à cet administrateur de leur causer aucun trouble et in-
jonction de rétablir les lieux dans leur premier état.
(*Traité du domaine public*, n° 599);

3° L'administration ayant bien le droit de déclarer
ou de reconnaître l'utilité publique, mais jamais de
porter atteinte à la propriété des citoyens, il en résulte
que toutes les fois que par rapport au terrain de tout ou
partie d'un chemin vicinal, il s'élèvera une question de
propriété, cette question devra être portée au tribunal civil, et jugée entre le Maire représentant la commune, et l'individu qui prétendra à la propriété.

La décision rendue par l'autorité administrative ne
devra avoir aucune espèce d'influence sur la question
soumise au tribunal, et ne pourra priver le propriétaire de sa chose ou au moins de son équivalent en argent, comme aussi le jugement du tribunal ne pourra
mettre obstacle à l'exécution de l'arrêté administratif
dont l'utilité, la convenance ou l'opportunité ne sauraient être légalement appréciées par les tribunaux.

Le tribunal civil sera aussi seul juge des questions de
servitude et de celles de savoir à qui des riverains ou
des communes appartiennent les arbres plantés sur les
chemins vicinaux. (*Arrêts du Conseil des* 21 *décemb.*
1808, 7 *avril* 1813 *et* 24 *décembre* 1818.)

Il en serait de même encore du point de savoir si les
haies ou les fossés sont mitoyens ou forment la propriété
exclusive de la commune ou des riverains.

Comme le dit M. Proudhon, dans son Traité si re-
marquable du domaine public, qui, bien qu'antérieur
à la loi nouvelle, nous a été, par les principes lumi-
neux qu'il contient, d'un puissant secours pour ce
Commentaire : « Il n'y a pas de maxime mieux avérée

« en France que celle qui veut que toutes les questions
« de propriété soient exclusivement portées devant
« les tribunaux, sans qu'il soit jamais permis à l'ad-
« ministration d'en connaître. »

XIV° cours royales.

Ces Cours ne seront jamais appelées en fait de chemins vicinaux, qu'à statuer sur l'appel des jugemens des
tribunaux de première instance relatifs à des questions
de propriété ou de servitudes, lorsque l'objet de la demande sera indéterminé ou portera sur une valeur
excédant mille francs ou sur un fonds amodié moins
de cinquante francs par an , suivant bail authentique.

XV° cour de cassation.

Indépendamment du pourvoi contre les jugemens
et arrêts en dernier ressort qui est déféré à cette Cour
par les lois de son organisation, l'article 16 de la loi
nouvelle sur les chemins vicinaux lui attribue spécialement la connaissance du recours soit contre le jugement qui prononce l'expropriation , soit contre la
déclaration du jury qui aura fixé l'indemnité. Le pourvoi ne sera admissible contre la décision du tribunal,
que pour incompétence, excès de pouvoirs ou vices de
forme ; et contre la décision du jury, que pour violation
du premier paragraphe de l'article 3o et des articles 31,
35 à 4o de la loi du 7 juillet 1833. (*Art.* 2o *et* 42 *de
ladite loi du* 7 *juillet* 1833.)

LÉGISLATION

SUR LES CHEMINS VICINAUX.

§ I.

Lois romaines.

I.

LOI DES **XII** TABLES. — *Table VIII, ch. IX.*

Si les possesseurs de champs qui joignent la voie publique, ne la réparent point, chacun a le droit de passer sur l'héritage voisin.

II.

DIGESTE. — Quatre titres du Digeste sont consacrés aux chemins publics : ce sont les VIIe, VIIIe, X^e et XIe du livre XLIII. *De locis et itineribus publicis.* — *Ne quid in loco publico vel itinere fiat.* — *De viâ publicâ, et si quid in câ factum esse dicatur.* — *De viâ publicâ et itinere publico reficiendo.*

Il faut prendre garde d'emprunter à d'autres titres des principes qui paraissent s'appliquer aux chemins, mais qui ne sont relatifs qu'aux servitudes de passage.

§ II.

Droit français ancien.

Dans le recueil des ordonnances de nos rois, depuis l'an 420 jusqu'à la révolution de 1789, on ne trouve rien de spécial pour les chemins vicinaux qui faisaient partie du domaine des seigneurs, qui étaient soumis à leur juridiction, et qui étaient ou devaient être réparés et entretenus par leurs soins, au moyen de péages qu'ils percevaient sur les passans et particulièrement sur les marchands forains, de corvées qu'ils exigeaient de leurs vassaux, ou de travaux qui étaient imposés aux propriétaires d'héritages joignant ces chemins.

Le droit de propriété des chemins traversant leurs seigneuries dépendait tellement de leur domaine, qu'ils partageaient par moitié avec l'inventeur, le trésor trouvé dans le chemin, tandis qu'ils n'auraient eu droit qu'au tiers s'ils n'eussent pas été propriétaires; et que tous les arbres plantés sur le bord de ces voies de communication leur appartenaient.

Les Coutumes en général ne fixaient guère que la largeur des chemins, qui variait selon leur destination et suivant les localités.

La plupart des principes et des dispositions de la loi du 21 mai 1836, ainsi que plusieurs des mesures qui seront prises par les préfets pour son exécution, ayant été ou devant être empruntés à la législation sur les grandes routes, il ne sera pas sans intérêt ni sans utilité d'indiquer ici les sources de cette législation, en rappelant la date des principaux anciens réglemens sur la matière.

Ainsi :

Le principe de la corvée, aujourd'hui qualifiée de prestation en nature, se trouve dans un capitulaire de Louis-le-Débonnaire, de l'an 819; les inconvéniens que ce genre d'impôt présente sont longuement énumérés dans le préambule du fameux édit de février 1776.

La prestation en argent pour l'entretien des grandes routes fut établie par des déclarations du roi de 1786 et du 27 juin 1787.

Henri II est le premier de nos rois qui, par une déclaration du 19 janvier 1552, ait prescrit la plantation des routes, non pour procurer de l'ombrage ou pour servir de décoration, mais pour remédier à la disette des bois de charronnage.

On trouve, pour la première fois, dans une ordonnance du même roi, du 15 février 1556, la faculté accordée à l'entrepreneur du grand chemin d'Orléans, de prendre des matériaux dans les terres des particuliers pour réparer les routes.

L'article 356 de la célèbre ordonnance de Blois, du mois de mai 1579, sous Henri III, pose le principe de l'imprescriptibilité des routes et veut que les grands chemins soient rétablis en leurs anciennes largeurs, *nonobstant toutes usurpations par quelque laps de temps que ce soit.*

Des lettres-patentes des 24 avril 1599, juillet 1637 et 15 juin 1639, autorisent, après enquête, la suppression d'un chemin, à la charge d'en entretenir un autre libre pour la commodité publique.

Une ordonnance de Louis XVI, du 6 février 1776, divise

les routes en quatre classes et fixe ainsi qu'il suit la largeur
de chacune d'elles, savoir : celles de la première classe à 42
pieds, celles de la 2e à 36 pieds, celles de la 3e à 30 pieds,
celles de la 4e à 24 pieds ; le tout non compris les fossés et
talus ; dimensions qui sont encore observées aujourd'hui.

La largeur des chemins publics ou vicinaux est fixée par
un arrêt du Conseil du 28 avril 1671, à 16 pieds, et celle
des chemins de traverse à 8 pieds.

Le droit d'expropriation pour cause d'utilité publique en
cas d'ouverture, de redressement ou d'amélioration de chemins, a son principe dans un autre arrêt du même Conseil,
du 26 mai 1705, qui autorise à donner en échange au propriétaire dépossédé, le chemin supprimé.

Les essartemens des bois sur une largeur de 60 pieds de
chaque côté des grandes routes sont prescrits par l'art. 3,
tit. 28 de l'ordonnance des eaux et forêts de 1669.

Enfin le principe des mesures concernant les alignemens,
le poids des voitures, le nombre de chevaux, la longueur
des essieux, se trouve dans un édit de Henri IV, du mois
de décembre 1607, confirmé par une déclaration royale du
6 juin 1693, dans un arrêt du conseil du 23 mai 1718, dans
une ordonnance du 12 novembre 1720, dans une déclaration
royale du 14 novembre 1724, et dans d'autres arrêts du
Conseil des 4 mai 1624 et 28 décembre 1783.

§ III.

Droit nouveau.

I.

14-18 DÉCEMBRE 1789. — *Décret relatif à la constitution
des municipalités.*

Art. 50. Les fonctions propres au pouvoir municipal,
sous la surveillance et l'inspection des assemblées administratives, sont : de régir les biens et revenus communs des
villes, bourgs, paroisses et communautés ; de régler et d'acquitter celles des dépenses locales qui doivent être payées
des deniers communs ; de diriger et faire exécuter les travaux publics qui sont à la charge de la communauté ;........
de faire jouir les habitans des avantages d'une bonne police,
notamment de la propreté, de la salubrité, de la sûreté et
de la tranquillité dans les rues, lieux et édifices publics.

II.

26 JUILLET-15 AOUT 1790. — *Décret relatif aux droits de propriété et de voirie sur les chemins publics, rues et places de villages, bourgs ou villes, et arbres en dépendans.*

Art. 1er Le régime féodal et la justice seigneuriale étant abolis, nul ne pourra dorénavant, à l'un ou à l'autre de ces deux titres, prétendre aucun droit de propriété ni de voirie sur les chemins publics, rues et places de villages, bourgs ou villes.

Art. 2. En conséquence, le droit de planter des arbres, ou de s'approprier les arbres crûs sur les chemins publics, rues et places de villages, bourgs ou villes, dans les lieux où il était attribué aux ci-devant seigneurs par les coutumes, statuts ou usages, est aboli.

III.

6-11 SEPT. 1790. — *Décret relatif à la forme de procéder devant les autorités administratives et judiciaires.*

Art. 4. Les demandes et contestations sur le règlement des indemnités dues aux particuliers, à raison des terrains pris ou fouillés pour la confection des chemins, canaux ou autres ouvrages publics, seront portées de même, par voie de conciliation, devant le directoire de district, et pourront l'être ensuite au directoire de département, lequel les terminera en dernier ressort, conformément à l'estimation qui en sera faite par le juge de paix et ses assesseurs.

Art. 5. Les particuliers qui se plaindront des torts et dommages procédant du fait personnel des entrepreneurs et non du fait de l'administration, se pourvoiront contre les entrepreneurs, d'abord devant la municipalité du lieu où les dommages auront été commis, et ensuite devant le directoire de district, qui statuera en dernier ressort lorsque la municipalité n'aura pu concilier l'affaire.

Art. 6. L'administration, en matière de grande voirie, appartiendra aux corps administratifs; et la police de conservation, tant pour les grandes routes que pour les chemins vicinaux, aux juges de district.

IV.

7-14 OCTOBRE 1790. — *Décret qui règle différens points de compétence des corps administratifs en matière de grande voirie.*

1° L'administration en matière de grande voirie, attribuée aux corps administratifs par l'art. 6 du décret des 6 et 7 septembre sur l'organisation judiciaire, comprend, dans toute l'étendue du royaume, l'alignement des rues, des villes, bourgs et villages, qui servent de grandes routes.

V.

22 NOVEMBRE-1ᵉʳ DÉCEMBRE 1790. — *Décret relatif aux domaines nationaux, aux échanges, etc.*

Art. 2. Les chemins publics, les rues et places des villes, les fleuves et rivières navigables, les rivages, lais et relais de la mer, les ports, les havres, les rades, etc., et en général toutes les portions du territoire national qui ne sont pas susceptibles d'une propriété privée, sont considérés comme des dépendances du domaine public.

(*Cette disposition est textuellement reproduite par l'art. 538 du Code civil.*)

VI.

28 SEPTEMBRE-6 OCTOBRE 1791. — *Décret concernant les biens et usages ruraux et la police rurale.*

Tit. I, Sect. VI. — *Des chemins.*

Art. 1. Les agens de l'administration ne pourront fouiller dans un champ pour y chercher des pierres, de la terre ou du sable nécessaires à l'entretien des grandes routes ou autres ouvrages publics, qu'au préalable ils n'aient averti le propriétaire, et qu'il ne soit justement indemnisé à l'amiable ou à dire d'experts, conformément à l'article 1ᵉʳ du présent décret.

Art. 2. Les chemins reconnus par le directoire de district pour être nécessaires à la communication des paroisses, seront rendus praticables et entretenus aux dépens des communautés sur le territoire desquelles ils sont établis; il pourra y avoir à cet effet une imposition au marc la livre de la contribution foncière.

Art. 3. Sur la réclamation d'une des communautés, ou

sur celle des particuliers, le directoire de département, après avoir pris l'avis de celui du district, ordonnera l'amélioration du chemin, afin que la communication ne soit interrompue dans aucune saison, et il en déterminera la largeur.

TIT. II. *Art.* 42. Les cultivateurs ou tous autres qui auront dégradé ou détérioré, de quelque manière que ce soit, des chemins publics, ou usurpé sur leur largeur, seront condamnés à la réparation ou à la restitution, et à une amende qui ne pourra être moindre de trois livres, ni excéder vingt-quatre livres.

Art. 4. Tout voyageur qui déclorra un champ pour se faire un passage dans sa route paiera le dommage fait au propriétaire; et, de plus, une amende de la valeur de trois journées de travail, à moins que le Juge de paix du canton ne décide que le chemin public était impraticable; et alors les dommages et les frais de clôture seront à la charge de la communauté.

Art. 44. Les gazons, les terres ou les pierres des chemins publics ne pourront être enlevés, en aucun cas, sans l'autorisation du directoire du département.

VII.

28 AOUT-14 SEPTEMBRE 1792. — *Décret relatif au rétablissement des communes et des citoyens dans les propriétés et droits dont ils ont été dépouillés par l'effet de la puissance féodale.*

Art. 14. — Tous les arbres existans actuellement sur les chemins publics, autres que les grandes routes nationales, et sur les rues des villes, bourgs et villages, sont censés appartenir aux propriétaires riverains, à moins que les communes ne justifient en avoir acquis la propriété par titre ou possession.

VIII.

10 JUIN 1793. — *Décret contenant le mode de partage des biens communaux.*

SECT. 1. *Art.* 5. — Seront exceptés du partage, les places, promenades, voies publiques et édifices à l'usage des communes; et ne sont point compris au nombre des biens communaux, les fossés et remparts des villes, les édifices et terrains destinés au service public, les rivages, lais et relais

de la mer, les ports, les hâvres, les rades, et, en général,
toutes les portions du territoire qui, n'étant pas susceptibles d'une propriété privée, sont considérées comme une
dépendance du domaine public.

IX.

16-20 FRIMAIRE AN II. — *Décret qui ordonne la réparation
des routes et des ponts aux frais de l'Etat.*

Art. 1. Tous les travaux publics seront faits et entretenus aux frais de la République, à compter du 1ᵉʳ nivôse;
en conséquence, tous les grands chemins, ponts et levées
seront faits et entretenus par le trésor public : les chemins
vicinaux continueront d'être aux frais des administrés, sauf
les cas où ils deviendraient nécessaires au service public.

X.

23 MESSIDOR AN V. — *Arrêté du Directoire exécutif qui ordonne la confection d'un état général des chemins vicinaux de chaque département.*

Le Directoire exécutif, considérant que la destination des
chemins vicinaux ne peut être que de faciliter l'exploitation
des terres ou les communications de commune à commune ;
que toutes les fois que ce double objet est rempli, l'ouverture de nouveaux chemins n'est plus qu'une usurpation sur
l'agriculture ; que cette espèce de chemins, par l'effet de l'intérêt personnel, et au très-grand dommage de l'intérêt public, s'est multipliée au point de diminuer sensiblement les
produits du territoire de la République ; que ce genre d'abus
menace de prendre de jour en jour de funestes accroissemens ;

Vu les articles 2 et 3 de la section VI de la loi du 28 septembre — 6 octobre 1791 ;

Considérant que, par ces articles de ladite loi, la surveillance du territoire se trouve attribuée aux directoires de district et de département, représentés aujourd'hui par les
seules administrations centrales de département ; que c'est à
ces administrations centrales à faire entretenir les chemins
vicinaux utiles, et à déterminer leur largeur, afin d'empêcher le double inconvénient d'un empiétement trop considérable sur les terrains susceptibles de culture, ou du refus
de faire le sacrifice de la partie de ces terrains nécessaire aux

chemins vicinaux destinés aux relations indispensables de
commune à commune, et à l'exploitation des terres, arrête :

Art. 1. Dans chaque département de la République, l'administration centrale fera dresser un état général des chemins vicinaux de son arrondissement, de quelque espèce
qu'ils puissent être.

Art. 2. D'après cet état, elle constatera l'utilité de chacun des chemins dont il sera composé.

Art. 3. Elle désignera ceux qui, à raison de leur utilité,
doivent être conservés, et prononcera la suppression de
ceux reconnus inutiles.

Art. 4. L'emplacement de ces derniers sera rendu à l'a-
griculture.

XI.

3 FRIMAIRE AN VII.—*Loi relative à la répartition, d l'as-
siette et au recouvrement de la contribution foncière.*

Art. 103. Les rues, les places publiques servant aux
foires et marchés, les grandes routes, les chemins publics
vicinaux, et les rivières ne sont point cotisables.

XII.

11 FRIMAIRE AN VII. — *Loi qui détermine le mode administratif des recettes et dépenses départementales, municipales et communales.*

Art. 4. Les dépenses communales, quant aux communes
faisant partie d'un canton, sont celles :

1º De l'entretien du pavé pour les parties qui ne sont
pas grandes routes ;

2º De la voirie et des chemins vicinaux dans l'étendue
de la commune ;

5' De l'entretien des fossés, aqueducs et ponts à un
usage et d'une utilité particuliers à la commune, et qui, de
leur nature, ne font pas partie des objets compris dans les
dépenses générales des travaux publics.

XIII.

28 PLUVIÔSE AN VIII. — *Loi concernant la division du territoire français et l'administration.*

Art. 15. Il y aura un Conseil municipal dans chaque
ville, bourg ou autre lieu pour lequel il existe un agent municipal et un adjoint.

Il réglera la répartition des travaux nécessaires à l'entretien et aux réparations des propriétés qui sont à la charge des habitans.

Il délibérera sur les besoins particuliers et locaux de la municipalité, sur les emprunts, sur les octrois ou contributions en centimes additionnels qui pourront être nécessaires pour subvenir à ces besoins; sur les procès qu'il conviendra d'intenter ou de soutenir pour l'exercice et la conservation des droits communs.

XIV.

4 THERMIDOR AN X. — *Arrêté du Gouvernement relatif à une convocation extraordinaire des Conseils municipaux.*

Art. 6. Les chemins vicinaux seront à la charge des communes. — Les Conseils municipaux émettront leur vœu sur le mode qu'ils jugeront le plus convenable pour parvenir à leur réparation. Ils proposeront à cet effet l'organisation qui leur paraîtrait devoir être préférée pour la prestation en nature.

Art. 22. Lorsqu'il y aura des dépenses communes à plusieurs municipalités, le Sous-Préfet déterminera, sur l'avis des Conseils municipaux, la proportion dans laquelle chaque commune supportera la dépense.

Sur la décision du Sous-Préfet, approuvée par le Préfet, le Conseil municipal sera obligé de porter dans l'état des dépenses annuelles de sa commune, la part à laquelle elle aura été assujettie.

Art. 23. Le Sous-Préfet veillera à ce que les dépenses communes à plusieurs municipalités soient acquittées par chacune d'elles, pour la part à laquelle elles sont tenues, de manière à ce que le service dont ces dépenses sont le prix, ne puisse jamais être interrompu.

XV.

24 VENDÉMIAIRE AN XI. — *Arrêté consulaire qui annulle une décision de l'administration du département du Rhône relative à la suppression d'un chemin vicinal.*

Vu la loi du 22 novembre-1er décembre 1790 sur la législation domaniale, portant article 2 : (*Voy.* ci-dessus le texte de cet article.)

Considérant que cette loi n'est relative qu'aux biens qui composaient et doivent continuer à composer le domaine

ational; que les chemins publics dont elle parle sont les
routes faites et entretenues aux frais de la nation ; que
celle-ci n'a jamais entendu s'emparer des chemins vicinaux
composés de terrains achetés ou échangés par les communes,
ou fournis gratuitement par les propriétaires pour le service
particulier des communes; que les lois des 6 octobre 1791,
16 frimaire an ii, et 11 frimaire an vii, qui ont laissé l'entretien des chemins à la charge des communes, sauf le cas
où ils deviendraient nécessaires au service public, ne donnent
point à croire qu'ils soient des propriétés nationales ;

Considérant qu'un chemin vicinal appartient à la commune;
que si des particuliers ou une commune croient avoir droit
de réclamer, c'est devant le Préfet qu'ils doivent se pourvoir, sauf à lui à renvoyer devant les tribunaux, s'il y a des
questions de propriété entre particuliers à décider.

Le Conseil d'État entendu, arrête : etc.

XVI.

9 VENTÔSE AN XIII. — *Loi relative aux plantations des
grandes routes et des chemins vicinaux.*

Art. 6. L'administration publique fera rechercher et reconnaître les anciennes limites des chemins vicinaux, et
fixera d'après cette reconnaissance, leur largeur, suivant
les localités, sans pouvoir cependant, lorsqu'il sera nécessaire de l'augmenter, la porter au-delà de six mètres, ni
faire aucun changement aux chemins vicinaux qui excèdent
actuellement cette dimension. (*)

(*) Voici les principales dispositions d'une instruction adressée le 7
prairial an xiii par le Ministre de l'intérieur aux Préfets, relativement
à cette loi :

« Pour l'exécution de l'art. 6 de la loi ci dessus, il paraît convenable
« que vous chargiez chaque maire, de former l'état des chemins vici-
« naux de sa commune. Cet état devra en indiquer la direction, les
« différentes largeurs.

« S'il existe quelques titres qui fassent connaître ces particularités,
« ou qui constatent simplement que ces chemins sont une propriété
« communale ou publique, il en sera fait mention sur cet état; le
« maire y joindra des observations sur les élargissemens qu'il serait
« utile de leur donner, soit en général, soit partiellement.

« L'état, ainsi disposé, devra être publié dans la commune.

« Les habitans seront invités à en prendre connaissance, et à
« adresser au maire, dans un délai de quinze jours, les réclamations

Art. 7. A l'avenir, nul ne pourra planter sur le bord des chemins vicinaux, même dans sa propriété, sans leur conserver la largeur qui leur aura été fixée en exécution de l'article précédent.

Art. 8. Les poursuites en contravention aux dispositions de la présente loi, seront portées devant les Conseils de préfecture, sauf le recours au Conseil d'Etat.

XVII.

2.4 JUILLET 1806. — *Décret concernant la compétence relativement aux usurpations commises sur les chemins vicinaux.*

Vu la loi du 9 ventôse an XIII;

Considérant que la loi précitée attribue la police de con-

« qu'ils pourraient avoir à faire, soit sur la largeur, soit sur la direc-
« tion, ou la propriété desdits chemins.

« Le tout sera ensuite, ainsi que l'état dressé par le maire. soumis
« au Conseil municipal. qui devra vérifier les faits énoncés par le
« maire, et délibérer, tant sur les dispositions proposées par celui-ci,
« que sur les difficultés ou réclamations élevées par les habitans.

« Il donnera son avis sur les élargissemens à faire; et il établira,
« d'après le vu ou l'absence des titres, s'ils doivent s'opérer, à titre
« gratuit, sur les propriétés contiguës; ou si la commune doit payer
« la valeur des terrains à acquérir.

« Vous ferez remarquer, à ce sujet, aux Conseils municipaux, que
« ni la loi du 9 ventôse dernier, ni aucune autre, ne déroge aux prin-
« cipes conservateurs des propriétés privées, et que, si le besoin public
« exige qu'on prenne une portion de ces propriétés, la loi veut qu'on
« indemnise préalablement les propriétaires.

« La délibération du Conseil municipal sera soumise au Sous-Préfet.

« Ce fonctionnaire discutera les points contentieux; il vous donnera
« un avis motivé, d'après lequel le Conseil de préfecture approuvera,
« ou modifiera les vues du conseil municipal, en fixant irrévocable-
« ment les largeurs des différens chemins, et en soumettant la com-
« mune à payer, à dire d'experts, les terrains nouveaux dont elle
« aura besoin .....

« Les chemins vicinaux sont généralement composés de terrains
« acquis par les communes; ils forment une partie des biens communs:
« la connaissance des usurpations doit donc appartenir aux Conseils
« de préfecture.

« Vous reconnaîtrez facilement, Monsieur, que cette attribution,
« donnée aux Conseils de préfecture, par les dispositions combinées des
« deux lois du 9 ventôse an XII, et du 9 ventôse an XIII, ne nuit en
« rien au pouvoir qu'ont toujours les Tribunaux, de connaître des
« questions de propriété. »

C'est aussi dans cette instruction, dont l'autorité était presqu'égale à
celle de la loi, que se trouvent diverses règles et principes sur la prestation en nature et sur le mode de sa répartition.

servation des chemins vicinaux, en ce qui concerne leur direction, leur étendue et leur largeur, à l'autorité administrative, et le contentieux y relatif aux Conseils de préfecture ;

Que par conséquent le juge de paix de Geaune n'était pas
compétent pour juger l'usurpation dont s'est plaint l'adjoint
au Maire de cette commune.....

Le Maire de la commune se pourvoira, s'il y a lieu, devant le Conseil de préfecture du département, pour faire
prononcer sur l'usurpation reprochée au sieur Darrieu.

(*Il existe deux décrets semblables en date des 7 mai et
3 sept. 1808, cités par M. de Cormenin. Quest. de dr. adm.,
t. 1, pag. 285.*)

XVIII.

16 SEPTEMBRE 1807. — *Loi relative au desséchement des
marais, etc.*

Art. 29. Lorsqu'il y aura lieu...... à l'ouverture ou à l'entretien de grandes routes d'un intérêt local, à la construction ou à l'entretien de ponts sur lesdites routes ou sur des
chemins vicinaux, les départemens contribueront dans une
proportion, les arrondissemens les plus intéressés dans une
autre, les communes les plus intéressées d'une manière encore différente : le tout selon les degrés d'utilité respective.
Le Gouvernement ne fournira de fonds, dans ce cas, que
lorsqu'il le jugera convenable ; les proportions des diverses
contributions seront réglées par des lois spéciales.

Art. 30. Lorsque par suite des travaux déjà énoncés dans
la présente loi, lorsque par l'ouverture de nouvelles rues,
par la formation de places nouvelles, par la construction de
quais, ou par tous autres travaux publics généraux, départementaux ou *communaux*, ordonnés ou approuvés par le
Gouvernement, des propriétés privées auront acquis une no-
table augmentation de valeur, ces propriétés pourront être
chargées de payer une indemnité qui pourra s'élever jusqu'à
la valeur de la moitié des avantages qu'elles auront acquis :
le tout sera réglé par estimation dans les formes déjà établies
par la présente loi, jugé et homologué par la Commission
qui aura été nommée à cet effet.

XIX.

4 AOUT 1811. — *Décret relatif aux travaux d'entretien et de réparation des routes et des chemins vicinaux à la charge des communes, qui traversent les fortifications et des rues qui aboutissent aux remparts, et à l'exécution des routes qui traversent les frontières.*

(V. dans le Bull. des lois le texte de ce décret ainsi que de trois autres des 10 février, 20 juin 1810 et 23 décembre 1812, sur la création et les pouvoirs de la commission mixte des travaux publics, et qui assujettissent aussi à des règles particulières, la construction des chemins vicinaux traversant les fortifications; décrets qui sont encore en vigueur, ainsi qu'il résulte du rejet par la Chambre des Députés, d'un amendement tendant à déclarer leur abrogation).

XX.

16 DECEMBRE 1811. — *Décret contenant règlement sur la construction, la réparation et l'entretien des routes.*

Art. 13. Dans leur session de 1812, les Conseils généraux indiqueront, 1° celles des routes départementales désignées en l'article 3 (*routes connues jusqu'alors sous la dénomination de routes de 3.e classe*) qu'ils jugeraient devoir être supprimées ou rangées dans la classe des chemins vicinaux, ou ceux des chemins vicinaux qu'ils jugeraient devoir être élevés au rang des routes départementales.

XXI.

16 OCTOBRE 1813. — *Décret qui annulle pour cause d'incompétence un arrêté par lequel un Conseil de préfecture a fixé la largeur d'un chemin déclaré vicinal, et a jugé une question de propriété dont la connaissance appartient aux tribunaux.*

Vu, etc.

Considérant, sur la demande dirigée contre l'arrêté du Préfet qui déclare vicinal le chemin dont il s'agit, que cette décision ayant été rendue compétemment, et n'ayant pas été attaquée devant notre Ministre de l'intérieur, ne peut, quant à présent, être soumise à notre examen;

Sur la demande dirigée contre l'arrêté du Conseil de préfecture,

Considérant, 1.° qu'aux termes de l'article 6 de la loi du 9 ventôse an XIII, le droit de fixer la largeur des chemins vicinaux n'appartient qu'à l'administration publique, c'est-à-dire aux Préfets, sauf le recours à notre Ministre de l'intérieur et ensuite à notre Conseil d'état;

Que, sous ce premier rapport, le Conseil de préfecture a excédé les bornes de sa compétence, en fixant lui-même la largeur du chemin qui fait l'objet de la contestation;

2° Que la question de savoir si le terrain sur lequel un chemin vicinal est établi, appartient à une commune ou à de simples particuliers, est une question de propriété qui, comme toutes celles de ce genre, est du ressort exclusif des tribunaux;

Que, sous ce second rapport, le Conseil de préfecture a encore excédé les bornes de sa compétence, puisqu'il a décidé, au moins implicitement, que le terrain sur lequel le chemin contentieux est actuellement ouvert n'appartient pas au suppliant, bien que celui-ci s'en prétende propriétaire et demande son renvoi devant les tribunaux;

3° Que l'arrêté du Préfet, qui déclare un chemin vicinal, ne fait pas obstacle à ce que la question concernant la propriété du terrain soit soumise aux tribunaux; car tout ce qui résulte de l'arrêté, c'est que le chemin est reconnu nécessaire et doit être maintenu, sauf à indemniser le tiers qui serait judiciairement reconnu propriétaire du terrain;

Notre Conseil d'état entendu, etc.

XXII.

8 NOVEMBRE 1813. — *Avis du Conseil d'état sur un rapport du Ministre de l'intérieur, qui tendait à faire autoriser la suppression d'un chemin communal.*

Le conseil d'état, qui, d'après le renvoi ordonné par S. M., a entendu le rapport de la section de l'intérieur sur celui du Ministre de ce département, tendant à autoriser la suppression d'un chemin, commune de Sainte-Colombe,

Est d'avis :

Que cette affaire n'est pas susceptible d'être portée au Conseil d'état; que c'est au Préfet à prononcer sur l'utilité et la conservation du chemin, sauf le recours au Ministre de l'intérieur, et ensuite au Conseil d'état, sur le rapport de ce Ministre en cas de pourvoi, comme pour affaire d'administration;

Et que le présent avis soit inséré au Bulletin des lois.

XXIII.

6 JANVIER 1814. — *Décret portant rejet d'un recours au Conseil d'état contre un arrêté par lequel le Préfet du département du Doubs a fixé la direction d'un chemin vicinal.*

Sur le rapport de notre commission du contentieux ;

Vu la requête qui nous a été présentée par le Sr...., etc.

Vu la loi du 9 ventôse an XIII, et notre décret du 16 octobre 1813, qui fixent les attributions de l'autorité administrative et de l'autorité judiciaire sur l'établissement des chemins vicinaux ;

Considérant que le Préfet du département du Doubs, par son arrêté du 15 février 1813, n'a fait que fixer la direction que doit suivre le chemin de communication entre la commune de Saône et celle de Naizey, sauf l'indemnité des propriétaires de terrain sur lequel le nouveau chemin est établi ; que dès-lors ce Préfet s'est renfermé dans ses attributions, et qu'on ne peut lui reprocher aucun excès de pouvoir ;

Considérant au fond, que, si le requérant croit avoir à se plaindre de la direction donnée au chemin en question, il doit d'abord porter sa réclamation devant notre Ministre de l'intérieur, et ensuite à notre Conseil d'état ;

Que, si au contraire, le requérant n'entend pas attaquer la direction donnée au chemin dont il s'agit, mais seulement prétendre qu'il est propriétaire de tout ou de partie du terrain que ce chemin doit parcourir, dans ce cas il doit porter sa réclamation devant l'autorité judiciaire ;

Notre Conseil d'état entendu,

Nous avons décrété et décrétons ce qui suit :

Art. 1er — La requête du sieur..... est rejetée, sauf à lui à se pourvoir, s'il s'y croit fondé, ou devant notre Ministre de l'intérieur s'il veut faire réformer l'arrêté du 15 février 1813, ou devant les tribunaux, s'il se borne à élever des questions de propriété.

XXIV.

28 JUILLET 1824. — *Loi relative aux chemins communaux ou vicinaux.*

Art. 1er. Les chemins reconnus, par un arrêté du Préfet, sur une délibération du Conseil municipal, pour être nécessaires à la communication des communes, sont à la charge de celles sur le territoire desquelles ils sont établis; sauf le cas prévu par l'art. 9 ci-après.

2. Lorsque les revenus des communes ne suffisent point aux dépenses ordinaires de ces chemins, il y est pourvu par des prestations en argent ou en nature, au choix des contribuables.

3. Tout habitant chef de famille ou d'établissement à titre de propriétaire, de régisseur, de fermier ou de colon partiaire, qui est porté sur l'un des rôles des contributions directes, peut être tenu, pour chaque année :

1° A une prestation qui ne peut excéder deux journées de travail ou leur valeur en argent, pour lui et pour chacun de ses fils vivant avec lui, ainsi que pour chacun de ses domestiques mâles, pourvu que les uns et les autres soient valides et âgés de vingt ans accomplis;

2° A fournir deux journées, au plus, de chaque bête de trait ou de somme, de chaque cheval de selle, ou d'attelage de luxe, et de chaque charette, en sa possession pour son service, ou pour le service dont il est chargé.

4. En cas d'insuffisance des moyens ci-dessus, il pourra être perçu sur tout contribuable jusqu'à cinq centimes additionnels au principal de ses contributions directes.

5. Les prestations et les cinq centimes mentionnés dans l'article précédent, seront votés par les Conseils municipaux, qui fixeront également le taux de la conversion des prestations en nature. Les Préfets en autoriseront l'imposition. Le recouvrement en sera poursuivi comme pour les contributions directes; les dégrèvemens prononcés sans frais, les comptes rendus comme pour les autres dépenses communales.

Dans le cas prévu par l'art. 4, les Conseils municipaux devront être assistés des plus imposés, en nombre égal à celui de leurs membres.

6. Si des travaux indispensables exigent qu'il soit ajouté par des contributions extraordinaires au produit des prestations, il y sera pourvu, conformément aux lois, par des ordonnances royales.

7. Toutes les fois qu'un chemin sera habituellement ou temporairement dégradé par des exploitations de mines, de carrières, de forêts, ou de toute autre entreprise industrielle, il pourra y avoir lieu d'obliger les entrepreneurs ou propriétaires à des subventions particulières, lesquelles seront, sur la demande des communes, réglées par les Con-

seils de préfecture, d'après des expertises contradictoires.

8. Les propriétés de l'Etat et de la Couronne contribueront aux dépenses des chemins communaux, dans les
proportions qui seront réglées par les Préfets, en Conseil
de préfecture.

9. Lorsqu'un même chemin intéresse plusieurs communes, et en cas de discord entre elles sur la proportion
de cet intérêt, et sur les charges à supporter, ou en cas de
refus de subvenir auxdites charges, le Préfet prononce, en
Conseil de préfecture, sur la délibération des Conseils municipaux, assistés des plus imposés, ainsi qu'il est dit à
l'article 5.

10. Les acquisitions, aliénations et échanges, ayant pour
objet les chemins communaux, seront autorisés par arrêtés
des Préfets en Conseil de préfecture, après délibération
des Conseils municipaux intéressés, et après enquête *de
commodo et incommodo*, lorsque la valeur des terrains à acquérir, à vendre ou à échanger, n'excédera pas trois mille
francs.

Seront aussi autorisés par les Préfets, dans les mêmes
formes, les travaux d'ouverture ou d'élargissement desdits
chemins, et l'extraction des matériaux nécessaires à leur
établissement, qui pourront donner lieu à des expropriations
pour cause d'utilité publique, en vertu de la loi du 8 mars
1810, lorsque l'indemnité due aux propriétaires, pour les
terrains ou pour les matériaux, n'excédera pas la même
somme de trois mille francs.

APPENDICE.

Les rapports et discussions auxquels la loi nouvelle a donné lieu dans les deux Chambres se trouvent épars dans 25 numéros du MONITEUR UNIVERSEL, des mois de février, mars, avril et mai 1836.

Comme il est probable que ces travaux préparatoires ne seront point réimprimés séparément et dans un ordre qui facilite les recherches, nous croyons faire une chose utile pour les personnes qui voudraient les consulter, d'indiquer les pages du journal officiel où on les trouvera, et d'établir une espèce de concordance avec les articles de la loi, d'après les numéros qu'ils portent aujourd'hui, sans égard à ceux des projets.

Le projet du Ministre qui avait déjà été présenté à la Chambre des Députés le 24 mars 1835 (*Moniteur du 25*), et sur lequel un rapport avait été fait par M. Vatout, dans la séance du 22 avril suivant (*Mon. du 23*), a été repris dans la session de 1836.

Nouveau rapport de M. Vatout à la séance du 19 février. (*Mon. du 20, pag.* 308).

Discussion générale les 22 et 24 février. (*Mon. des 23 et 25, pag.* 322 *et* 331.) — Discussion des articles : 24, 26, 29 février; 2, 3, 4, 7 et 8 mars. — Adoption, séance du 8 mars.

Présentation à la Chambre des Pairs, séance du 11 mars. (*Mon. des 14 et 22.*) — Rapport de M. le comte Roy, 25 avril. (*Mon. du 26.*)

Discussion générale, 28 avril. (*Mon. du 29, pag.* 914.) — Discussion des articles : 28, 29, 30 avril et 2 mai. — Adoption, à la séance du 2 mai.

Nouvelle présentation à la Chambre des Députés, à raison des amendemens de la Chambre des Pairs, séance du 4 mai. (*Mon. du 6.*) — Rapport de M. Vatout, 11 mai. (*Mon. du 12.*) — Discussion et adoption, 17 mai. (*Mon. du 18.*)

Sanction par le Roi, 21 mai. — Promulgation, 25 mai.

CONCORDANCE

DES ARTICLES DE LA LOI AVEC LA DISCUSSION AUX CHAMBRES.

Articles.	Chambre des Députés.	Chambre des Pairs.	2e discussion à la Chambre des Députés.
I.	*Monit. Page* 337	917 à 919	1121
II.	338 à 341	929 à 934	
III.	347 à 351	942	1121
IV.	351, 352, 367	942 à 944	1121
V.	368 à 370	944	
VI.	370 et 407	944 à 946	
VII.	370 à 382 et 387 à 389	946, 947, 963, 964	1121
VIII.	389 à 399	964	1121
IX.	399 à 402	964	
X.	337 et 407	964	1121
XI.	402 à 406	965	
XII.	370	965	1121
XIII.	407	965	1121
XIV.	408 et 419	965	1121
XV.	430 à 432	965	1121
XVI.	421 et 428	965	1121
XVII.	432	965	1121
XVIII.	434	966	1121
XIX.		966	1121
XX.	433	966	1121
XXI.	433	966	1121
XXII.		966	1121

Pour l'exécution de cette loi, M. le Ministre de l'Intérieur a adressé le 24 juin 1836 à MM. les Préfets, une instruction en forme de circulaire imprimée en 118 pages petit in-4°.

FIN.

TRAITÉ DU DOMAINE PUBLIC, ou de LA DISTINCTION DES BIENS considérés principalement par rapport au domaine public; par M. PROUDHON, doyen, etc.; 5 forts vol. in-8°, avec une *très-bonne* table analytique des matières. Prix. . . . . 35 fr.

Voici un aperçu rapide du travail de l'auteur.

Il trace d'une manière profonde le caractère du domaine public, son inaliénabilité, son imprescriptibilité, la ligne séparative du pouvoir administratif et du pouvoir judiciaire, la distinction exacte du domaine public du domaine de l'état;

Les règles relatives aux établissemens publics et édifices religieux; à l'établissement, l'entretien et l'administration des routes royales, départementales ou communales; des chemins vicinaux, de desserte, voies agraires; enfin, les règles des alignemens et sur la police des rues, places et toutes les voies publiques;

Une théorie neuve et savante sur l'état, la domanialité et les usages des eaux, depuis la mer jusqu'aux plus petits ruisseaux. Ainsi, l'auteur traite avec développement tout ce qui concerne les fleuves et rivières, tous les droits d'alluvion, canaux navigables et d'irrigation; la propriété d'eau douce, d'eau salée, d'eaux minérales; les lacs, marais et leur desséchement, ainsi que les droits relatifs aux riverains et à toutes sortes d'usines qui peuvent être établies ou à établir sur les cours d'eau; les ouvrages de protection que l'on peut faire aux bords des rivières pour se garantir de leurs envahissemens et les dommages-intérêts qui peuvent être exigés par les riverains par suite des constructions qui leur auraient nui. Enfin, les questions pratiques, nombreuses et difficiles, qui naissent journellement à l'occasion de ces matières jusqu'à présent si peu connues et très-mal comprises, sont examinées et résolues par le célèbre professeur, non-seulement sous le rapport du droit, mais encore, ce qui n'était pas la partie la moins épineuse de sa tâche, sous le rapport de la compétence des autorités qui doivent en connaître. Il faut ajouter qu'il l'a remplie avec sa méthode claire et précise, avec son esprit de sage critique, sa sagacité profonde et son immense savoir.

Quelque incomplet que soit l'exposé d'un ouvrage de cette importance, on peut voir qu'il n'est pas seulement utile à toutes les magistratures, mais encore aux ingénieurs, géomètres, aux maires des communes et à tous les propriétaires d'usines ou de fonds voisins de la voie publique.

TRAITÉ DES DROITS D'USUFRUIT, D'USAGE PERSONNEL ET D'HABITATION, par M. PROUDHON, doyen de la Faculté de Droit de Dijon, etc.; 2ᵉ édit., 5 gros vol. in-8° . . . . 37 fr. 50 c.

TRAITÉ DES DROITS D'USAGE, servitudes

RÉELLES, DU DROIT DE SUPERFICIE ET DE LA JOUIS-
SANCE DES BIENS COMMUNAUX ET DES ÉTABLISSEMENS
PUBLICS; par M. PROUDHON; 2me édition annotée et
mise en harmonie avec la nouvelle législation sur les
forêts par M. CURASSON, jurisconsulte à Besançon; 3
très-gros vol. in-8°. Prix. . . . . 24 fr.

La première édition du Traité d'usufruit composée de 9 volumes,
comprenait les droits d'usage, servitudes réelles, les droits de superficie et de jouissauce des biens communaux et des établissemens publics.

La législation nouvelle du code forestier a nécessité des changemens dans cette partie de l'ouvrage, et ce travail important a été exécuté par M.   rasson, avocat, auteur de l'excellent Traité sur le
code forestier et des observations présentées aux chambres lors de
la discussion du code, lesquelles ont contribué aux divers changemens
qu'a subis le projet de loi dans l'intérêt de la propriété et des communes.

Le nouveau Traité d'usage reproduit au surplus textuellement les
principes et la doctrine de M. Proudhon, à l'exception des regles tracées par l'ordonnance de 1669, et des autres réglemens abrogés par le
code forestier. Le travail de M. Curasson a augmenté considérable-
ment l'ouvrage qui contient en 3 gros volumes in-8° de près de 700
pages chacun la matière de 5 volumes ordinaires : le texte de l'anno-
tateur étant distingué de celui de l'auteur par un caractère plus fin.

Le Traité de l'usage, coordonné, comme on vient de le dire, avec
la nouvelle législation, est l'ouvrage le plus complet qui puisse être
publié sur cette matière importante qui se rattache à tant d'autres.

LE CODE FORESTIER, conféré et mis en rapport

avec la législation qui régit les différens propriétaires et
usagers dans les bois; par M. CURASSON, avt à Besançon.
2 gros vol. in-8°; . . . . 12 fr.

Le titre de cet ouvrage, qu'on peut appeler Traité, suffit pour en
faire sentir l'utilité.

PENSÉES DE BLAISE PASCAL, rétablies suivant le plan

de l'auteur, publiées par l'auteur des Annales du moyen
âge, et précédées d'un discours préliminaire qui déve-
loppe le plan et les avantages de cette nouvelle édition;
un gros vol. in-8°, pap. fin, bien imprimé, . . . 5 fr.

COURS DE DROIT FRANÇAIS sur L'ÉTAT DES PER-
SONNES et sur LE PREMIER LIVRE DU CODE CIVIL,
par M. PROUDHON, doyen; 2ᵉ édit. conforme à la 1ʳᵉ; 2
volumes in-8ᵉ, ... 10 fr.

Pour les autres TRAITÉS de M. Proudhon, voyez les deux dernières
pages de cet ouvrage.

OEUVRES DE JURISPRUDENCE du président Bouhier,
mises en ordre, avec des notes et additions, par M. Joly
de Bévy; 3 gros vol. in-folio, Dijon, 1787, broché en
cart., ... 30 f.

Il reste très-peu d'exemplaires.

QUESTIONS TRANSITOIRES sur le Code civil, relatives
à son autorité sur les actes et les droits antérieurs à sa
promulgation, et dont la discussion comprend, 1º le tableau des diverses législations sur chacune des matières
qui y sont traitées; 2º des explications sur les lois anciennes et sur le Code; par CHABOT, de l'Allier. Nouv.
édit augm. de notes et de corrections de la propre main
de l'auteur; 3 vol. in-8ᵉ, Dijon, 1829, ... 18 fr.

ANNALES DU MOYEN AGE, comprenant l'histoire
des temps qui se sont écoulés depuis la décadence de
l'empire romain, jusqu'à la mort de Charlemagne; par
M. FRANTIN aîné; 8 gros vol. in-8ᵉ; pap. fin, caract.
neufs. Prix. . . . . 30 fr.

C'est un des plus grands services qu'on ait rendus à la science, que
d'avoir jeté dans un cadre régulier cette masse flottante d'événemens
hétérogènes qui s'étend du quatrième au neuvième siècle de l'ère
chrétienne. Nul ne l'avait tenté sur un plan aussi vaste que l'auteur
des Annales. Il a su mener parallèlement les événemens politiques,
la longue agonie de Rome, la lente élaboration des sociétés moder-
nes, et l'histoire des progrès du Christianisme.

On chercherait vainement ce travail ailleurs. L'auteur des Annales
se distingue de Gibbon par le caractère politique et religieux de son
ouvrage; il se distingue de Lebeau par les observations de mœurs, de
lois, de coutumes, d'usages, répandues à propos dans des dissertations
savantes, qui coupent et varient la narration purement historique,
et délassent l'esprit de cet entassement de faits souvent monstrueux
et atroces; ce qui le distingue enfin de l'un et de l'autre, c'est que
son ouvrage est plus agréable à des lecteurs français, parce qu'il recherche avec plus de soin et de profondeur notre origine et tout ce
qui intéresse dans nos Annales.

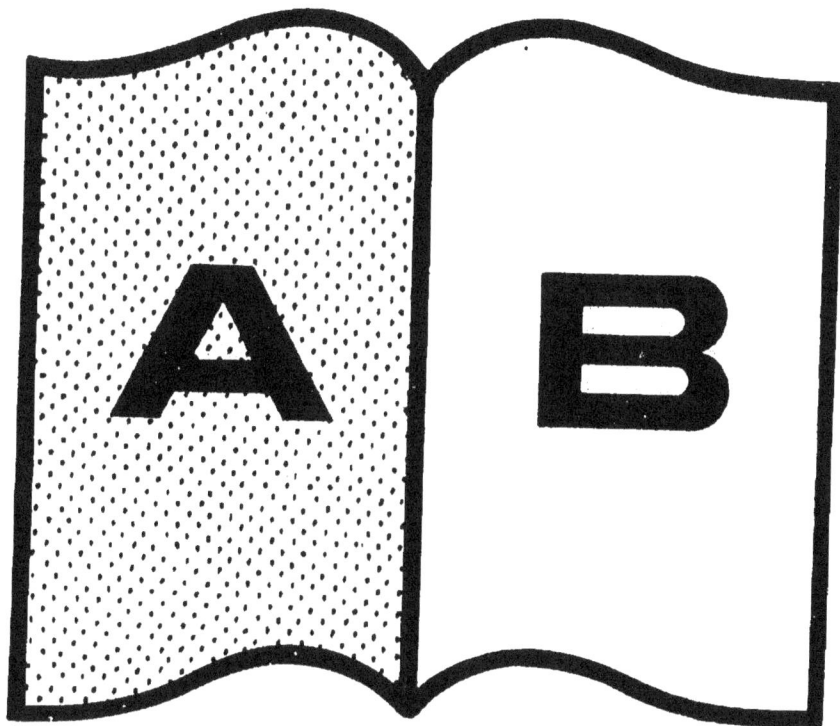

Contraste insuffisant

NF Z 43-120-14

www.ingramcontent.com/pod-product-compliance
Lightning Source LLC
Chambersburg PA
CBHW070510200326
41519CB00013B/2768